코리아타운

국립중앙도서관 출판예정도서목록(CIP)

코리아타운 : 비정한 엄마 발칙한 딸 : 잔혹 동시를 둘러싼
천 개의 시선 / 지은이: 반경환 외. — 대전 : 지혜, 2015
    p. ;   cm

권말부록: 잔혹 동시 사건 개요 및 기타 자료
ISBN 979-11-5728-038-4 93330 : ₩15000

사회 비평[社會批評]

330.4-KDC6
300.2-DDC23   CIP2015024205

지혜사랑 학술총서 001

코리아타운

반경환 엮음

지혜

코 리 아 타 운

'잔혹 동시 논란' A양 母 "딸이 악플 보고 눈물…"
[노컷인터뷰] '잔혹 동시 논란' A양 어머니인 김바다 시인
― 변이철 기자 노컷뉴스 5.7

[앵커브리핑] 아동 놀이권 헌장…'한국 어른들의 잔혹동화'
조금 늦었지만 논란이 됐던 이른바 '잔혹 동시'를 다시 꺼내봤습니다. 일부 종교단체에선 '사탄의 영이 지배하는 책'이라고 맹비난을 쏟아냈더군요.
― 손석희 앵커 jtbc 5.13

'잔혹 동시' 저자 이순영, '영재발굴단'서 논란 밝힌다
― 이다원 기자 MBN 7.14

[M+TView] '영재발굴단' 잔혹 동시? 동심을 파괴한 건 '당신'
「솔로 강아지」, 「표범」 등 아이의 놀라운 상상력이 빚어낸 시들을 저자가 직접 읽어주며 '잔혹 동시'라는 오해를 순식간에 불식시켰다. 순영 양은 "제 시는 「학원 가기 싫은 날」이란 정확한 제목이 있는데 왜 그렇게 부르는지 모르겠다. 시는 그냥 시일 뿐"이라며 일부 꽉 막힌 어른들의 잣대에 의문을 던졌다.
― 이다원 기자 MBN 7.16

[단독] 초등생의 '잔혹 동시' 충격…그것을 책으로 낸 어른들

학원에 가고 싶지 않을 땐/ 이렇게// 엄마를 씹어 먹어/ 삶아 먹고 구워 먹어/ 눈깔을 파먹어(「학원 가기 싫은 날」 부분)

— 이우중 기자 《세계일보》 5.4

"사이코패스 아니냐.""정신과 치료 받아라.""엄마가 대필해준 거 아니냐.""노이즈마케팅이냐."

— 전진식 기자 《한겨레 21》

[현장메모] 초등생 시인에 쏟아진 악플… 잔혹한 현실이 '잔혹 동시' 낳았다

— 이우중 기자 《세계일보》 5.11

'잔혹 동시' 논란 10세 소녀 "시는 시일 뿐인데 진짜로 여겨"

"어린이는 무서운 생각하면 안 되나. 이상의 시 「오감도」 정말 멋졌다." 어머니 "요즘 초등생 엽기에 익숙," 학부모들 "동시로 적합하지 않다."

초등생 자녀를 둔 학부모들은 우려를 나타내고 있다. 학부모 이모(37·여)씨는 "우리 아이가 저런 책을 읽는 것을 상상하고 싶지도 않다"며 "아이들이 보면 심리적 충격이 클 것"이라고 했다. 9살, 7살 자녀를 둔 양모(38)씨는 "또래 아이들이 읽는 동시로는 적합하지 않은 것 같다"며 "전량 폐기하는 게 당연하다"고 했다.

— 채윤경, 김민관 기자 《중앙일보》 5.11

김성탁 기자의 [교육카페] 얼마나 학원 가기 싫었길래 ··· '잔혹 동시' 만든 학업 스트레스 1위 한국
— 김성탁 기자 《중앙일보》 5.14

[Why] '잔혹童詩', 아이의 솔직한 표현은 "인정"··· 책 출간까진 "글쎄"
곽금주 서울대 심리학과 교수는 이렇게 분석했다. "부모 입장에서 (켕겨서) 움찔한 거다. 아이가 학업 스트레스로 자신에 대해 저렇게 끔찍한 감정을 갖는다고 생각하니 자기반성과 함께 '그랬다고 이렇게까지 하나'하는 분노가 작동한 것으로 보인다. '아이가 어떻게···'가 아니라 '아이니까 이럴 수도 있지' 하며 넘겨야 하는데 부모 자식 간에 소통이 부재하다 보니 자식을 신뢰할 수 있는 여유가 사라진 것 같다."
— 곽아람 기자 《조선일보》 5.16

'표현의 자유' 논란 중심에 선 『솔로 강아지』
— 임이랑 기자 《투데이신문》 5.18

[포커스] 이 시집은 없어져야 할 위험한 시일까
황 교수의 설명을 구체적으로 들어보면 이렇다. "시는 괜찮은 시다. 그 나이에 가질 수 있는 의문을 표현하고 있다. (수컷이 없어 인형과 노는) 「솔로 강아지」만 해도 인간에게 사육당하면서 많은 것을 금지당한 강아지가 자기에게 의탁해온 것을 호소했다. 「학원 가기 싫은 날」도 생물학적인 엄마를 죽이겠다는 것이 아니다. 학원에 보내는 엄마, 가라마라 하는 엄마, 결정하는 엄마를 마음에서 죽인다는 것이다. 그런데 시를 신문기사나 법정 진술처럼 받아들인 것이다.
— 이범준 기자 《주간경향》 5.20

『솔로 강아지』를 폐기 처분하게 함으로써 잔혹 교육 현장을 지워버린 위선자들은 최소한 미래의 '특례 입학' 자리 하나를 빼앗음으로써 자기 아이를 지켰다. 더욱 참담한 것은 문제의 시가 나오게 된 원인을 뻔히 알면서도 쥐 죽은 듯 찍소리도 내지 않았던 교육부다. 제대로 된 정부라면 학원에 혹사당하는 초등학생을 위한 특단의 해결책을 내놓겠답시고 없는 부산이라도 떨어야 했지만, 과연 유체이탈 대통령에 유체이탈 부처였다.

　— 장정일 소설가

지독한 '비정상적' 세계 속에서 살아가면서 '너무 아프다'고 시로서 표현하는 아이. '잔혹하고 비정상적인 세계'를 만들어낸 어른들이, 그 속에서 고통당하는 아이에게 '비정상'이고 '잔혹'하다고 한다. 한국에 있는 갖가지 종류의 무수한 학원들의 존재를, 그리고 아이들이 공교육을 받는 학교가 끝난 후에 이런 저런 학원이라는 또 다른 규율의 공간들에서 공부해야 하는 그 통제적 삶의 방식을 한국 사회 밖에 있는 사람들에게는 도대체 설명할 방도가 없다.

　— 강남순 미국 텍사스크리스천대 브라이트신학대학원 교수

언론에 소개된 동시들을 두고 10살 '어린이'가 썼다는 것이 믿기지 않는다는 반응에서 부모의 학대 혐의까지 온갖 추측들이 난무했고, 급기야 부모가 직접 나서서 출간 배경을 설명하기에 이르렀다. 긍정적인 의견도 있었지만, 부정적인 의견은 '엄마를 씹어 먹는다'는 발상 자체가 '불쾌하다'는 성토에 가까웠다. 심지어 글쓴이의 '반사회성'을 거론하면서 '심리 치료'를 받아야 한다는 인신공격성 발언까지 등장했다.

　— 이택광 교수 · 문화평론가

이 영화를 보는 내내 최근 논란이 된 '잔혹 동시'가 다시 떠올랐다. 10살 소녀가 "학원에 가고 싶지 않을 땐…엄마를 씹어 먹어"라고 써서 세상을 발칵 뒤집었다. 학원으로 등 떠밀며 공부를 강요하는 가혹한 엄마들에 대한 적개심, 아니 무의식적 살의가 담긴 섬찟한 시적 표현이다. 도대체 언제부터 엄마와 잔혹이 이처럼 쌍으로 잘 묶이는 단어가 된 것일까. 참된 모성이란 괴물 같은 시스템에서 낙오하는 자들을 끌어안는 것 아니었나. '차이나타운'에서 그리고 '잔혹 동시'에서 어머니란 이름의 또 다른 괴물을 본다. '잔혹한 동심'보다 '잔혹한 엄마'가 더 문제다.
— 양선희 《중앙일보》 논설위원

우리 사회는 『솔로 강아지』가 얘기하는 것을 보지 못했다. 문학적인 테두리 안에서 해석되거나 다툴 수는 있지만 파쇄라는 방식으로 없었던 것으로 하자는 것은 매우 우려스럽다. 아이가 비명을 지른 것인데 못 본 척하겠다는 것 아닌가. 사람 하나를, 아이 하나를 마녀로 만들어서 분쟁을 정리한 것이다. 이런 식이라면 세월호가 침몰한 것에 대해서도 없었던 일로 하는 게 가장 간단하지 않은가.
— 황호덕 문학평론가 · 성균관대 교수

그런데, 그 시를 본 엄마의 태도도 정말 남달랐다. "처음에는 그 시를 보고 화가 났지만 미안함도 생겼다. 아이가 학원에 가기를 이렇게까지 싫어하는 줄 전혀 몰랐다. 그래서 그 자리에서 아이가 다니기 싫어하는 학원을 그만두게 했다"고 말했다. 아이의 정직한 표현에 엄마도 정직하고 성숙되게 반응했다. 그렇지 않았다면, 많은 가정에서 그러한 것처럼 엄마는 '엄마 아빠가 네 장래를 위해 얼마나 고생하면서 학원을 보내주는 건데, 무슨 배은망덕한 소리만 하느냐?'며 혼을 냈을지 모른다. 그런 면에서 이 아이와 엄마는 정말 건강한 소통을 하고 있었던 것이다.

— 강수돌 고려대학교 교수

이순영 양의 「학원 가기 싫은 날」은 대한민국교육제도를 추문으로 만들어버린 양심선언문이며, 오직 학교교육을 '출세의 수단'으로만 악용하고 있는 이 땅의 도덕적 괴물들(학부모들)을 마음껏 야유하고 조롱하고 있는 시라고 할 수가 있다. 딸 아이의 패륜은 인륜이 되고, 엄마의 인륜은 패륜이 된다. 독서중심의 글쓰기 교육은 사교육비가 하나도 안 들고, 공교육을 활성화시키게 된다. 독서중심의 글쓰기 교육은 세계적인 대작가와 세계적인 대사상가를 배출해내고, 곧바로 남북통일은 물론, 우리 한국인들을 사상가와 예술가의 민족, 즉 고급문화인으로 인도해내게 된다. 사교육비가 하나도 안 들면 교육의 기회균등과 함께, '저출산과 고령화의 문제'도 해결되고, 모든 부정부패를 청산하고, 언제, 어느 때나 국력과 민심을 결집시켜나가게 된다.

— 반경환 『애지』 주간 및 철학예술가

많은 종교단체나 학부형 단체들에서는 이 작품에 대해 비난의 성명을 쏟아냈다. 그리고 인터넷 상에는 많은 사람들이 "패륜적인 글쓰기" "악마가 깃든 작품"이라는 비난성 댓글들을 퍼부었다. 결국 여기에 항복하여 출판사는 결국 출판된 책을 전량회수하고 폐기하는 조치를 취했다. 또한 표현의 자유와 허용의 수위를 넘어섰다는 사과문을 내놓기까지 했다. 사람들의 비난에는 이러한 작품이 많은 어린이들의 정서를 파괴하고 패륜적인 사고를 조장할 우려가 있다는 생각이 깔려 있다. 하지만 우리 사회를 폭력과 억압의 세상으로 만든 것은 이런 동시집이 아니라 인간을 도구로 만들고 이윤 추구의 수단으로만 간주하는 자본과 그것의 하수인인 정치권력이다. 또 그것을 내면화한 우리 자신의 폭력성이다.

　― 황정산 문학평론가 · 대전대 교수

　언어감각뿐만 아니라 구성도 거의 완전하다. 잘 쓴 시이다. 화자는 엄마를 강아지들의 생리적 욕구조차 통제하는 "슬픔을 모르는 여자"로 표현한다. 인정머리 없는 엄마의 통제로 강아지가 선택하는 놀이대상은 체온이 없는 '인형'일 뿐이다. 그러나 이것조차 할아버지는 침이 묻었다고 버리려 한다. 따뜻해야 할 엄마와 너그럽고 자상해야 할 할아버지는 강아지에게 통제와 강압을 집행하는 어른이다. 그래서 강아지는 외롭다. 외로운 강아지는 어린 창작자의 투사물이다. 강아지를 통해 자신의 외로움을 표현하고 있다. 이처럼 이순영 양의 동시들은 진중권의 말대로 그동안 우리가 보아온 매너리즘에 빠진 '뻔한 동시'가 아니다. 잔혹 동시가 아니다. 비정상의 어른과 비정상의 사회에 던지는 어린이의 순수한 마음의 표현이다

　― 공광규 시인

　무언가를 지켜야 하는 자만이 타인으로 하여금 윤리적 태도를 요구하는 것이다. 혁명에 윤리가 요구되지 않는 이유이다. 그러므로 어린이에게 특정한 윤리적인 속성만을 학습시키고 강화시키는 것은 현재의 사회체제를 어느 한 지점에 고착시키는 역할을 수행하는 것으로서 반동적인 성격을 가진다. 푸코 식으로 표현하자면 어린이라는 무한한 가능성을 가진 '자율적 주체'를 당대의 지배적인 질서에 순응하는 '타율적 객체'로 환원함으로써 복종이 내면화된 '순종적인 신체'를 생산해내는 것이다.

　― 김대현 문학평론가

　혜원이는 학원을 네 곳이나 다닌다. 학교 옆에 사는 데 걸어서 5분 거리

인 집을 6시간이나 걸려서야 간다. 이유는 학구에 있는 학원이란 학원은 죄다 들렀다 가기 때문이다. 하교하면 바로 수학학원, 다음엔 영어학원, 다음엔 미술학원, 다음엔 바이올린학원. 부모님의 퇴근 시간에 맞춰 7시에야 집에 간단다. 집에서도 학원숙제, 논술공부로 편치 않다. 내가 해 줄 수 있는 거라곤 숙제를 안 내주는 것 뿐이다.

바른생활 시간에 가장 좋아하는 일과 싫어하는 일을 발표하는데 혜원이의 발표에 숨이 턱 막혔다.

"친구들과 노는 것이 젤로 좋구요. 학원가는 건 진짜 싫어요."

아이의 엄마는 아이가 노는 꼴을 못 본다. 공부하는 꼴만 봐야 직성이 풀리나 보다.

— 김용우 수필가 · 태평초등학교 교사

잔혹 동시 논란이 가시지 않은 상황에서 한국 어린아이들의 행복지수가 외국에 비해 매우 낮다는 보도가 있었다. 잔혹 동시가 출현하지 않을 수 없는 현실을 말해 주는 것이다. 공교육이 붕괴된 현실에서 방과후 어린아이들은 과외와 레슨으로 밤늦게까지 조금도 쉴 여유를 갖지 못한다.

— 최동호 시인 · 고려대학교 명예교수

"기네스 기록이죠? 10세 아동, '패륜시'로 '필화'에 휘말려… 하여튼 못 말리는 나라예요"라고 적었다.

— 진중권 동양대 교수

"공깃돌이라고 하는 작은 일상적인 사물부터 바다를 연상시킨 사유의 확장력이 굉장히 뛰어납니다."

— 이병철 시인

"언어 감각이 뛰어나고 사물을 바라보는 시선이 남다르네요. 출중한 아이입니다."
— 나태주 시인

'동시'가 잔혹한 것인가 '우리 사회, 우리 교육'이 잔혹한 것인가! 잔혹 동시는 어른들 세상을 그대로 반영한 것이다. 어떤 어른도 잔혹 동시의 탄생에 대한 책임으로부터 자유로울 수 없다. 아이는 '학원 가기 싫은 날'이라는 동시에서 공부하라, 친구와 경쟁하라고 강요하는 어른들을 향해 '복수'의 마음을 고스란히 분출하고 있다.
— 송경애 은빛초등학교 교감

"너도 이제 좋은 때는 다 갔구나. 쯧쯧~" 초등학교 3학년 언니가 갓 초등학교에 입학한 동생에게 하는 말이다. 듣고 있던 가족들은 발칙한 아이의 말에 파안대소했지만 왠지 뒤가 씁쓸하다. 전쟁 같은 입시를 앞둔 학부모 모임에서 엄마들은 농담조로 "가끔은 우리 아들이 내 목을 조를지도 몰라. 아무래도 학원하나 빼야겠어." 자식 사랑의 결과가 가해와 피해의 상상력으로 전도되는 모순의 에피소드다.
— 강경희 문학평론가

필자가 걱정하는 것은 소녀 시인이 혹시라도 시 쓰는 일에 두려움을 느낀 나머지 절필을 할지도 모른다는 사실이다. 사회가 낚아 올리려는 인민 재판성 사냥이 자칫 천재성을 가진 문학소녀를 사회적으로 매장해버릴지도 모른다는 조바심이다. 문학을 문학으로 이해하는 사회, 시를 시로 이해하고 너그럽게 받아들일 수 있는 사회가 성숙한 열린사회이다.
— 김재홍 송광초등학교 교장

코리아타운을 엮어내면서

    송경애 은빛초등학교 교감 선생님은 "동시가 잔혹한 것인가, '우리 사회, 우리 교육'이 잔혹한 것인가"라는 화두話頭를 통해서 "공부해라, 공부해라"라고 강요하는 한국사회의 현실을 질타한 적도 있었고, 강경희 문학평론가는 "가끔은 우리 아들이 내 목을 조를지도 몰라. 아무래도 학원 하나 빼야겠어"라는 학부모의 죄책감을 폭로한 적도 있었으며, 김용우 태평초등학교 선생님은 "친구들과 노는 것이 젤로 좋아요. 학원 가는 건 진짜 싫어요"라고 어린 초등학생들의 적의敵意에 가득찬 항변의 목소리를 폭로한 적도 있었다. 그렇다. 초등학교 1~2학년만 되면 학교에서 집까지의 5분간의 거리를 6시간이나 걸려서야 가게 된다. 학교공부가 끝나자마자 영어학원, 미술학원, 바이올린학원, 논술학원, 그리고 집에 가서도 학교 숙제 등으로 모두 공부를 하는데 시간을 투자하지 않으면 안 된다. 이 살인적인 학원지옥과 입시지옥을 연출해낸 것은 우리의 어른들이며, 따라서 대부분의 어린이와 청소년들은 학원 가는 것을 죽기보다도 더 싫어한다. 이순영 양은 이제 겨우 10살짜리 초등학교 5학년 학생이며, 이러한 대한민국의 교육현실을 "학원에 가고 싶지 않을 땐" "엄마를 씹어 먹어/ 삶아 먹고 구워 먹어/ 눈깔을 파먹어"(「학원 가기 싫은 날」)라고, 온몸으로 적대감을 드러내 보인 적이 있었다.

　잔혹하다. 끔찍하다. 이순영 양은 서울 서원초등학교 5학년이며, 동시집『동그라미 손잡이 도넛』, 동화집『투명인간 노미』, 그리고 동시집『솔로 강아지』를 출간한 바가 있었다. 하지만, 그러나『솔로 강아지』에 실린「솔로 강아지」, 「세상에서 가장 무서운 것」, 「표범」, 「도깨비」 등의 그 뛰어난 시적 성취에도 불구하고, 「학원 가기 싫은 날」의 '엄마 살해의 잔혹성' 때문에, 세계 최초로, 최연소의 나이로 필화사건의 주인공이 될 수밖에 없었고, 이순영 양의 동시집『솔로 강아지』는 출간한 지 한 달만에 전량 폐기되는 전대미문의 사건의 희생양이 될 수밖에 없었다. 진중권 동양대 교수의 말대로, '10세 아동 패륜시'로 필화사건에 휘말리고 세계 최초로 기네스 기록(?)을 세운 이순영 양, '정신병원에 보내야 한다, 사이코패스다, 부모가 미친 것 같다'라는 온갖 쌍욕과 험담들—대부분의 사람들이 평생을 들어도 다 못들을 온갖 쌍욕과 험담들—을 다 듣고 현대판 분서갱유焚書坑儒의 주인공이 된 이순영 양, 이인재 변호사(아버지)와 김바다 시인(어머니)의 눈물겨운 호소와 변호에도 불구하고 끝끝내 "'사탄의 영'이 지배하는 책"이라는 학부모들의 여론재판에 무릎을 꿇고 항복선언을 할 수밖에 없었던 이순영 양—.

　오월의 하늘은 맑고 푸르며 이순영 양의 동심童心으로 아침 해를 떠오르게 하고 있었지만, 손바닥으로 하늘을 가린 것만 같은 '잔혹동시의 형벌'은 더없이 가혹하기만 했었고, 이순영 양의 어린 가슴에 씻을 수 없는 깊은 상처만을 남겼다. "시는 시일 뿐, '학원 가기 싫은 날'이라는 정확한 제목 있는 데 왜 잔혹 동시라고 부르느냐"는 이순영 양에게 어느 누가 감히 돌을 던질 수가 있단 말인가? 또한 어느 누가 감히 "우리 강아지는 솔로다/ 외로움이 납작하다(「솔로 강아지」)", "친구들과 내기를 했어/ 세상에서 가장 무서운 것 말하기// 티라노사우르스/ 지네/ 귀신, 천둥, 주사// 내가 뭐라고 말했냐면/ 엄마// 그러자 모두들 다같이/ 우리 엄마 우리 엄마(「세상에서 가장 무서운 것」)"라는 미래의 노벨문학상의 후보에게서 그 천재성과 창작의 자유를 빼앗을 수가 있단 말인가? 나는 이순영 양의 「학원 가기 싫은 날」의 도덕적인 윤리 이전에, 그 시가 쓰여질 수밖에 없는 사회적 환경과 하루에 열 시간씩, 열두 시간씩 학교공부와 학원공부로 몰아넣고 있는 우리 어른들의 잔혹성과 반윤리성을 반성하는 것은 물론, 우리의 어린아이들을 하루바삐 학원지옥과 입시지옥에서 해방시키지 않으면 안 되겠다는 의도 아래서 '잔혹 동시' 자료모음집: 『코리아타운—비정한 엄마 발칙한 딸』을 출간하게 되었다.

'두드려라, 그러면 문이 열릴 것이다.' '오직 정진하고 또 정진하라, 그러면 노벨상 수상의 길도 열릴 것이다.' 나는 『애지』의 주간으로서, 한 사람의 철학예술가로서, 이순영 양의 문학적 재능에는 경의를 표하게 되었고, 너무나도 사악하고 뻔뻔스러운 학부모들의 집단적인 광기로부터 이순영 양과 우리의 어린아이들을 구원해내야겠다는 사명감과 그 의무감 때문에 모든 자료들을 검토하고 정리하면서 이 책을 엮어내게 되었다.

"그 시는 다소 과격하고 파격적이기는 하지만, 세목의 진정성 이외에도 전형적인 상황에서의 아주 자연스러운 감정의 발로, 즉, '리얼리즘의 승리'일 수도 있는 것이다. 반사회적이고 패륜적인 것은 이 세상 그 어디에도 없는 학원지옥과 입시지옥을 연출해낸 학부모들이지, 이 세상의 자연의 학교로 되돌아가고 싶어하는 이순영 양이 아니다. 언제, 어느 때나 '내탓은 없고, 네탓만이 있는' 학부모들의 광기는 전혀 새삼스러운 것도 아니며, 그들의 정신분열증적인 광기는 하나의 우화나 풍자마저도 용인하지 못하고, 어린 아이의 시적 재능마저도 짓밟아버리는 집단적인—전체주의적이고 파시즘적인—폭력성으로 나타나게 된다(반경환, 「학원 가기 싫은 날」에서)."

제1부는 이순영 양의 동시 「솔로 강아지」, 「세상에서 가장 무서운 것」, 「표범」, 「도깨비」, 「학원 가기 싫은 날」과 함께, 박순찬 화백의 장도리, jtbc의 손석희, CBS의 변이철, MBN의 이다원, sbs의 영재발굴단의 방송기사를 실었고, 제2부는 「학원 가기 싫은 날」, 즉 '잔혹 동시'의 진원지였던 세계일보를 비롯하여 중앙일보, 조선일보, 한국일보, 경향신문 등의 기사를 실었다. 제3부는 장정일, 강남순, 이택광, 양선희, 정의석, 문소영, 홍진수, 권혁웅, 강경희, 강수돌, 박경효, 최동호 등, 유명 인사들의 신문, 잡지 등의 글을 실었고, 제4부는 2015년 『애지』 가을호의 특집 글들, 즉, 반경환의 「학원 가기 싫은 날」, 황정산의 「엄마 죽이기」, 공광규의 「비정상의 어른과 사회에 던지는 순수한 동심」, 김남석의 「인간적 동일자로서의 여성

시인의 한 풍경」, 김언의 「동시의 눈에는 세상이 매일매일 다르다」, 김대현의 「동시의 정치학」, 김용우의 「진분수」 등, 일곱 명의 시인, 수필가, 문학비평가의 글들을 실었다. 마지막으로 제5부는 『레이디 경향』과 개개인의 블로그와 유튜브에 올린 글과 대담 등을 실었으며, 아무튼 이 '학술서적: 잔혹 동시 자료모음집', 즉, 『코리아타운— 비정한 엄마 발칙한 딸』을 출간할 수 있도록 글을 써주신 필자 선생님들과 너무나도 흔쾌하게 글을 실을 수 있도록 허락해주신 신문방송 관계자님들과 여러 선생님들, 그리고 이 책의 자료를 모으고 정리해준 김수정 선생님께도 진심으로 감사를 드린다.

2015년 9월 『애지』 편집 주간 반경환

제2부 신문기사 : 초등생의 '잔혹 동시' 충격

제3부 '잔혹 동시'를 생각하다

제4부 『애지』특집글 : 엄마 죽이기

제1부
방송보도 : 학원 가기 싫은 날

솔로 강아지 외 4편

이 순 영

우리 강아지는 솔로다

약혼 신청을 해 온 수캐들은 많은데
엄마가 허락을 안 한다

솔로의 슬픔을 모르는 여자
인형을 사랑하게 되어 버린 우리 강아지

할아버지는 침이 묻은 인형을 버리려 한다
정든다는 것을 모른다

강아지가 바닥에 납작하게 엎드려 있다
외로움이 납작하다
— 이순영 동시집, 『솔로 강아지』에서

세상에서 가장 무서운 것

친구들과 내기를 했어
세상에서 가장 무서운 것 말하기

티라노사우르스
지네
귀신, 천둥, 주사

내가 뭐라고 말했냐면
엄마

그러자 모두들 다같이
우리 엄마 우리 엄마

엄마라는 말이 왜 이렇게 되었을까?
— 이순영 동시집,『솔로 강아지』에서

표범

사람들 앞에서 어슬렁거리는 표범

맹수지만 사람에게 길들여져
자기가 누군지 잃어버린
이제 더 이상 고개를 들 수 없겠네

무엇이 기억나는 지
눈 밑으로 눈물이 흘러 생긴 삼각형
얼굴은 역삼각형

눈물과 얼굴이 만나
삼각형이 되어버린 표범
— 이순영 동시집, 『솔로 강아지』에서

도깨비

어둠은 빛난다

긴 혓바닥을 내밀고
뿔을 어루만진다

왈왈 짖어댈 때마다
현실이 뒤집어진다

아름답게
부럽게

어둠은 무엇이든 다 만든다
그리고 모른 척한다
― 이순영 동시집, 『솔로 강아지』에서

학원 가기 싫은 날

학원에 가고 싶지 않을 땐
이렇게

엄마를 씹어 먹어
삶아 먹고 구워 먹어
눈깔을 파먹어
이빨을 다 뽑아버려
머리채를 쥐어뜯어
살코기로 만들어 떠먹어
눈물을 흘리면 핥아먹어
심장은 맨 마지막에 먹어

가장 고통스럽게
— 이순영 동시집,『솔로 강아지』에서

이순영 서울 서원초등학교 5학년 —동시집『솔로 강아지』,『동그라미 손잡이 도
넛』—동화『투명인간 노미』등.

'잔혹 동시 논란' A양 母 "딸이 악플 보고 눈물…"

[노컷인터뷰] '잔혹 동시 논란' A양 어머니인 김바다 시인

변 이 철 기자

동시집『솔로 강아지』저자인 초등학교 5학년 A양(11)의 어머니인 김바다 시인(42)이 7일 CBS 노컷뉴스와의 인터뷰에서 최근 불거진 '잔혹성 논란'에 대한 입장을 밝혔다.

김바다 시인은 먼저 "딸아이의 시가 사회적으로 잔혹성 논란을 일으켜서 송구스러운 마음"이라며 "책을 회수하는 것이 맞다"고 말했다.

하지만 "동시「학원 가기 싫은 날」은 아이들을 숨 쉴 틈 없이 학원으로 내모는 한국의 사회현실에 대한 비판적 우화"라며 "작품성과 시적 예술성이 있다"고 강조했다.

김 시인은 이 시를 읽은 날 바로 딸이 다니던 영어학원을 그

만두게 했다.

자신의 딸 A양의 근황과 관련해서는 "우리 딸은 아주 밝고 씩씩하게 잘 자라고 있다"면서 "일부 네티즌이 말하는 패륜아하고는 전혀 거리가 멀다"고 밝혔다.

하지만 A양은 일부 언론사 취재진이 '학교로 촬영을 하러 오겠다'는 입장을 전해와 학교에는 가지 못하고 있다.

김 시인은 출판사의 『솔로 강아지』 전량 폐기 방침에 대해서는 반대 입장을 분명히 했다.

그는 "엄마로서 그리고 시인으로서 딸의 시집이 사라지게 되는 것도 안타깝지만 그보다도 비록 어리지만 작가로서 딸의 자긍심을 지켜주고 싶었다"고 말했다.

한편 A양의 아버지는 의료소송에서 환자쪽 변호인으로 이름난 이인재 변호사로 알려졌다.

▣ 다음은 A양의 어머니인 김바다 시인과의 일문일답이다.

▶ 최근 불거진 잔혹성 논란에 대한 입장은?

=송구스러운 마음이다. 책은 회수하는 것이 맞다고 본다. 하지만 전량 폐기하는 것은 받아들일 수 없다. 엄마로서 그리고 시인으로서 안타깝기도 하지만 어리지만 작가로서 딸의 자긍심을 지켜주고 싶다.

▶ 최근 논란과 관련해 A양이 상처를 받지 않았을까 걱정된다?

=어차피 피해갈 수 없을 것 같아 악플을 보여줬다. 눈가에 눈물이 맺히는 모습이 보였다. 하지만 곧 "엄마 그래도 난 내 시가 좋아!"라고 말하더라.

학교에는 보내지 않고 있다. 일부 언론사에서 촬영을 나오겠다고 해서다. 아이가 노출이 되는 것은 원치 않는다.

우리 딸은 밝고 명랑한 아이다. 친구들과도 잘 어울린다. 친구들이 "악플 때문에 힘들지. 힘 내!"라는 문자도 많이 보내온다.

프로복서 '매니 파퀴아오'의 팬이어서 복싱학원도 매일 나간다. 일부 네티즌들이 말하는 '패륜아'하고는 전혀 거리가 멀다.

▶「학원 가기 싫은 날」이라는 시를 처음 봤을 때 어머니로서 느낌은 어땠나?

=처음에는 화가 났다. '엄마한테 이럴 수 있나'하는 생각이 들었다. 하지만 시간이 지나면서 여러 가지 감정이 동시에 생겨났다.

그 가운데 하나가 미안함이었다. 우리 딸이 학원에 가기를 이렇게까지 싫어하는 줄 전혀 몰랐기 때문이다. 가끔 가기 싫다고 말해도 별 생각 없이 계속 다니라고 했다.

그래서 그 자리에서 일주일에 두 번 가는 영어학원을 그만두게 했다. 그리고 아이의 표현이 거칠기는 하지만 발상이 재밌어서 웃음이 나왔다.

딸 아이에게는 "아주 잘 썼다"고 칭찬해줬다. 그리고 "다시는 이런 시 쓰지 마. 이번만 봐줄게"라고 했다.

그랬더니 딸아이도 미안했는지 "엄마, 다음에는 엄마를 좋게 만드는 시를 써줄게"라고 했다. 딸도 나도 모두 유쾌하게 웃었다.

▶ 그래도 표현이 너무 잔혹하다는 생각이 들지는 않았나?

=우리 딸은 엽기호러물과 추리소설을 좋아한다. 괴담 만화책도 좋아한다. 그래서 이런 발상을 하게 된 것 같다.

「학원 가기 싫은 날」은 나름 작품성과 시적 예술성을 갖췄다고 확신한다. 영어로 번역한 이유도 '엽기호러'를 콘셉트로 한 아동 문화사에 의미있는 동시가 한국에서 나왔다는 사실을 유럽과 미국에 알리고 싶었기 때문이다.

또 삽화가는 아무런 잘못이 없다. 나와 아이가 상의한 끝에 무섭게 그려달라고 우리가 부탁했다. 작가는 나와 아이가 공저한 동화『투명인간 노미』에 들어간 삽화도 그렸는데 그림이 너무 따뜻해 아이들이 정말 좋아했던 역량 있는 작가다.

▶ 네티즌들의 악플에 대해 어떻게 생각하나?

=평생 얻어먹을 욕을 요 며칠간 다 먹은 것 같다. 인민재판을 당하고 여론몰이를 당한다는 생각도 들었다.

자유롭게 비판은 할 수 있지만 너무 격한 표현은 피해주셨으면 한다. 예를 들어 '아이가 자살하려고 쓴 글'이라는 둥 '사이코패스'라는 둥 이런 말은 정말 마음 아프다.

▶ A양은 시를 언제부터 쓰기 시작했나?

=유치원에 다닐 때부터 썼다. 아이가 쓴 시는 모아 두었다가 책으로 냈다. 처음 『동그라미 손잡이 도넛』이라는 남매 동시집을 낼 때 출판사 19곳으로부터 거절을 당했다. '가문비 어린이' 출판사가 마지막이었는데 다행히 책을 낼 수 있었다.

그 이후에 나와 같이 동화 『투명인간 노미』를 썼고 이번에 동시집 『솔로 강아지』를 내게 됐다.

▣ 다음은 A양 부모가 CBS 노컷뉴스에 추가로 보내온 글이다.
A양 부모 입장

지금 아이의 동시는 동시집 전체에서 볼때 전혀 패륜으로 비판받을 이유가 없고 저희 아이도 밝고 건강하지 절대 패륜아가 아닙니다.

이 시는 아이들을 숨 쉴 틈도 주지않고 학원에서 학원으로 돌리는 한국 사회 현실에 대한 비판적 우화입니다. 패륜동시로 가정의 달을 맞아 여론몰이를 하는 것은 옳지 않습니다. 이런 분위기들이 아이들을 창의적이고 개성적으로 이 나라에서 자라지 못하게 하는 토양인 것입니다.

한국에서 노벨상이 배출될 수 없는 이유가 뭐라고 생각하십니까? 바이올린이나 피아노에만 천재가 있는 것이 아닙니다. 역사를 살펴보면 김시습같이 어릴 적부터 시를 잘 지은 천재들이 있었고 나라에선 그들을 인재로 귀하게 키웠습니다.

아이는 이것이 세 번째 책이고 시적 자의식과 표현력은 아주 뛰어납니다. 엽기 호러 공포 소설과 전설의 고향 여고괴담 같은 무서운 영화를 좋아해 그것을 자신의 시적 전략으로 삼았고 이것은 한국 아동문학사에서 새롭고 현대적인 동시로 조명을 받아야 하는 것입니다.

시는 그저 시일 뿐입니다 아름답고 멋진 시를 많이 써 온 아이가 자랑스럽고 앞으로도 계속 응원할 겁니다. 이 시의 외피만을 본다면 그 본질을 놓치는 것입니다.

그리고 아이는 싫어하는 학원이 아닌 자기가 좋아서 선택한 미술과 복싱학원을 다닌 지 오래입니다. 학원지옥과 입시지옥에 대한 하나의 우화로서의 이 귀한 시가 아동문학사에서 정당한 평가를 받을 수 있기를 희망했기에 이 시를 출판사의 만류에도 불구하고 넣자고 했던 것입니다.

많은 관심 가져주셔서 진심으로 감사드리지만 잠시 멈추어서 자신의 마음을 들여다보았으면 합니다. 친구들은 이 시집을 좋아했고 그저 재미있어 했고 아무도 이로 인해 상처받은 적이 없습니다. 엄마들이 오히려 욕하고 분노하고 있지요. 그 분노는 우리가 아니라 자신들에게로 향해야 하고 이것이 불편하지만 이 논란의 진실입니다 감사합니다.

(노컷뉴스, 2015. 5. 7)

[시론]『솔로 강아지』는 왜 불편했을까?

김 성 수 기자

만 10살짜리 초등학생이 쓴 시집이 세상을 발칵 뒤집어 놓았습니다. 『솔로 강아지』라는 제목의 이 시집은 총 58편의 시들을 수록하고 있는데, 이 중 「학원 가기 싫은 날」이라는 작품 하나가 언론에서 주목을 받으며 논란은 시작되었습니다. 엄청난 악플과 여론 재판 끝에 결국 이 꼬마 시인의 시집은 전량 회수, 폐기될 운명에 처했습니다. 하지만 꼬마 시인의 부모 측이 이 조치에 반대해 법적 대응에 나섰고 아직도 논란은 사그라지지 않고 있습니다.

이 사건은 대한민국의 아픈 민낯을 보여주면서 몇 가지 아주 중요한 과제를 던졌습니다. 우선 이 논란은 대한민국에서 '표현의 자유'가 얼마나 훼손되어 있는가를 여실히 보여주었습니다. "학원에 가고 싶지 않을 땐/ 이렇게/ 엄마를 씹어 먹어(후략)"라는 문구 자체는 과격하게 느껴집니다. 하지만 시적 표현은 이미

지의 충돌과 은유적 상상력을 통해서 숨겨진 메시지를 전달하는 예술적 도구가 아닙니까? 더구나 시인의 다른 시와 다르게 겉으로 드러나며 반복된 각운은 역설적으로 낮은 울음소리처럼 느껴지며 메시지의 절실함을 더하고 있었습니다. 더군다나 시적 화자는 학원을 강요하는 부모와 사회에 비해 철저히 약자입니다. 그 고통이 통렬한 언어나 이미지로 구현되는 일은 오히려 정서의 돌파구를 마련해서 사회를 폭력으로부터 정화시키는 기능도 있지 않습니까? 고도로 정제되지 못한 돌직구라 비판할 수는 있어도 읽지 못할 패륜적인 배설, 마치 일베에서와 같은, 저열한 막말은 아니었다는 말입니다.

우리 사회를 건강하고 윤리적으로 계도하기 위해 이런 표현이 자제되어야 한다는 주장도 있습니다. 그래서 하필이면 어린이날과 어버이날을 앞두고 이 논란이 더욱 증폭된 면도 있습니다. 하지만 우리 사회의 현실은 어떻습니까? 아동학대와 노인학대는 늘어가는 추세인데, 아동학대의 80%, 노인학대의 75%가 가족으로부터 행해집니다. 이런 패륜적 상황이, 부양과 양육의 모든 책임을 부부와 직계손에게만 묻고, 개인 대 개인의 무한 경쟁을 미덕으로 추앙하고 있는 이 사회 때문은 아닙니까? 그런데 이런 만인에 대한 만인의 투쟁을 극대화한 어른들이 과연 10살짜리 아이의 시 하나를 패륜이라 사냥할 자격이 있을까요? 어쩌면 이런 마녀사냥식의 비난 뒤편에선 자격지심이라는 거대한 그림자가 도사리고 있을지 모르겠습니다.

꼬마 시인의 시집에는 같은 약자로서 느끼는 정서적 공유가 강아지로, 동물원의 표범으로, 심지어는 작은 모기에까지 확대되어 있습니다. 만 10살짜리가 감히 우리 사회의 지도층이라 자부하는 자들보다 더 깊고 넓은 공감대를 느끼며 고뇌하고 있단 말입니다. 이런 문학적 고뇌에 우리 사회는 패륜이란 일방적 평가를 덮씌워 놓고 자기검열을 강요하고 있는 것은 아닐까요?

여성에 대한 절제되지 않은 폭언을 마구 쏟아내고, 삼풍백화점의 기적적인 생존자를 신나게 조롱하는 연예인들도 버젓이 텔레비젼에 나옵니다. 일부는 이들이 웃음을 주고 있다면서 면죄해야 한다고 주장합니다. 수많은 약자들의 눈물로 빚은 부당 이득을 뒤에서 나누며 이 사회를 지도해 왔다고 자부하는 자들도 여전히 권력을 소유합니다. 떡을 만지다보면 떡고물이 묻는다면서 스스로 면죄부를 발부합니다. 그 연예인들을 보고 웃고, 저 정치인들을 뽑은 어른들이 이 꼬마 시인을 비난할 자격이 있을까요? 어쩌면, 이 시가 불편한 이유는 우리 모두가 공범이기 때문일지도 모릅니다.

(노컷뉴스, 2015. 5. 12)

'잔혹 동시 논란' 꼬마시인 "응원에 감사합니다"
[변이철의 검색어 트렌드 26] '잔혹 동시 논란'

변 이 철 기자

[CBS 라디오 '뉴스로 여는 아침 김덕기입니다']

- 방 송 : CBS FM 98.1 (06:00~07:00)
- 방송일 : 2015년 5월 14일 (목) 오전 6:38-47(9분간)
- 진 행 : 김덕기 앵커
- 출 연 : 변이철 (CBS 노컷뉴스 문화연예팀장)

▶ 오늘 검색어 트렌드… 어떤 키워드를 가지고 오셨나요?

=예, 오늘은 최근 우리 사회를 뜨겁게 달궜던 '잔혹 동시 논란' 의 이면을 한 번 살펴보고자합니다.

논란을 일으킨 시는 한 초등학생이 쓴 『솔로 강아지』라는 시집 에 나오는 「학원 가기 싫은 날」이라는 작품입니다.

내용을 보면 "학원에 가고 싶지 않을 땐/ 이렇게/ 엄마를 씹어 먹어/ 삶아 먹고 구워 먹어" 이런 잔혹한 구절이 나와 거센 비판이 일었습니다.

▶ 잔혹 동시… 정말 '인기 검색어'에 한동안 계속 오르면서 논란이 뜨거웠는데 이 시집은 결국 다 폐기가 됐나요?

=그렇습니다. '잔혹 동시' 논란을 빚었던 동시집 『솔로 강아지』가 지난 12일 경기도 고양시의 한 폐지처리장에서 전량 폐기됐습니다. 책이 출판된지 40여일 만인데요.

『솔로 강아지』는 초판 2000부가 인쇄됐는데요. 출판사측은 이 중 이미 판매된 700여 권과 이 양이 소장한 책, 일부 지방에 배포된 후 소재가 파악되지 않는 것을 제외한 439권을 모두 파쇄했다고 밝혔습니다. 전량 파쇄에 걸린 시간은 고작 3분이라고 하는군요.

학부모 단체들 중 일부가 '시집을 불태우라'고 요구했지만 출판사 측은 파쇄를 선택했는데요.

이 양의 부모는 당초 "서점에 배포된 시집을 회수할 수는 있지만 폐기하는 것은 받아들일 수 없다"며 폐기금지 가처분 신청까지 냈습니다.

하지만 일부에서 "이건 사탄의 영이 지배하는 책"이라면서 강하게 비판하고 나서자 이 양의 부모는 "더 이상 논란이 확대 재생산되는 것을 원치 않는다"면서 전량 폐기를 받아들인 것입니다.

전량 폐기되는 솔로 강아지(김바다 씨 사진 제공)

▶ 시인이 어린이인데… 자기의 시가 잔혹 동시로 낙인찍히고
시집은 폐기되고… 많이 놀랐을 것 같아요.

=이 어린이 시인은 필리핀 복싱 영웅 '매니 파퀴아오'의 열성
팬입니다. 제가 어제 저녁 어머니의 동의를 얻어 전화통화를 했
는데 복싱학원에 있었습니다.

목소리는 아주 밝고 씩씩했습니다. '시집이 모두 폐기돼서 서운하지 않느냐'고 물었더니 "괜찮다"면서 "언젠가는 「학원 가기 싫은 날」이란 시가 다시 부활할 수 있을 것"이라고 말하더군요.

또 '이번 일을 겪으면서 어떤 생각이 들었냐'는 질문에는 "시는 시일 뿐인데 진짜라고 받아들인 어른들이 많은 것 같다"면서 "어른들이 아이들보다 그다지 뛰어나지는 않은 것 같다"고 답했습니다.

또 악플이 이 양에게 적지 않은 상처를 준 것으로 보였습니다. "가장 기억에 남는 것은 악플"이라면서 "내가 좋아하는 복싱이나 공기놀이처럼 재밌는 일을 하면서 잊어나가겠다"고 했습니다.

▶ 열 살 나이에 시 한 편으로 홍역을 치렀는데… 시는 앞으로 계속 쓰겠다고 하던가요?

=예, 이 양은 "앞으로 시를 계속 쓰겠다"고 말했습니다. 이 양이 '절필 선언'을 했다는 말도 있었지만 "그건 그냥 화가 나서 해본 말"이라고 하더군요.

'앞으로 어떤 시를 쓰고 싶냐'는 물음에는 "동심이 있는 시나 동심이 없는 시나 다양하게 쓸 생각"이라고 답했습니다.

저는 이 대목에서 마음이 조금 무거웠는데요. 특히 아이의 창작활동에는 자신의 솔직한 생각을 작품에 담는 것이 중요하지 않겠습니까? 그런데 이번 일을 겪으면서 '동심이 있는 시'와 '동심이 없는 시'로 구분하면서 남을 의식하고 자기 검열을 하기 시작한 것은 아닌지 안타까운 생각도 들었습니다.

그리고 이 양은 언론에서는 "내 시가 나쁘다는 말도 많이 했는데 제 시를 응원해 준 많은 분들께 감사하다"는 인사도 잊지 않았습니다.

▶ 이 양의 어머니도 시인이죠?

=역시 어제 통화를 했는데요. 이런 표현을 쓰더군요. "죽다 살아온 느낌이다", "오랫동안 배 멀미를 하다가 이제 막 육지에 내려선 기분이다", 그간 아주 마음고생이 심했던 것 같습니다.

하지만 "미국과 일본, 중동 카타르 등에서 많은 분들이 위로해주고 응원해주셔서 버틸 수 있었다"면서 "정말 감사드린다"고 말했습니다.

김바다 씨는 아들과 함께 만든 동화 『애플 드래곤』을 곧 출간할 예정이라고 했습니다.

▶ 지금까지 '잔혹 동시 논란'의 당사자인 이 양과 어머니의 입장을 들어봤는데요. 이번 논란에 대해 우리가 한 번 되짚어봐야 할 대목도 있을 것 같아요.

=그렇습니다. 「학원 가기 싫은 날」은 비록 내용이 잔인한 측면이 있지만 강압적인 학원교육에 신음하는 아이의 절박한 호소를 담은 것이거든요.

아이는 그것을 시를 통해 표현했고 어머니는 그 시를 읽고 "우리 아이가 이렇게까지 학원 가기를 싫어하는 줄 몰랐다"면서 당장 영어 학원을 그만두게 했습니다.

그래서 이 양의 어머니는 이 시에 대해 "아이들을 숨 쉴 틈 없이 학원으로 내모는 한국 사회에 대한 비판적 우화로 작품성과 시적 예술성이 있다"고 판단해 출간을 결정한 것이거든요.

이를 두고 고려대 강수돌 교수는 "아이의 정직한 표현에 엄마도 정직하고 성숙되게 반응했다. 부모와 자녀 사이에 시를 통한 건강한 소통이 일어났다. 이런 소통이 사회적으로 더 확산되지 못한 것은 안타깝다." 이렇게 평가했습니다.

강 교수의 지적대로 우리 사회가 깊은 성찰은 외면한 채 아이나 부모를 섣불리 '패륜아'나 '사이코패스'라고 단정하고 시집을 폐기하도록 몰아붙인 것에 대해서는 아쉬움이 큽니다.

▶ 그렇다고 이런 잔혹한 내용의 동시를 어린이에게 읽으라고 권장할 수는 없지 않을까요?

=그것이 바로 「학교가기 싫은 날」에 대해 우려하는 분들의 입장입니다.

앞서 말씀드렸지만 내용이 잔혹한 부분이 있어 어린이들이 읽으면 정서적으로 충격이 클 수 있습니다. 삽화도 어린이가 보기에는 괴기스럽습니다.

물론 어린이가 자신의 생각을 솔직하게 표현하도록 하는 것은 문학교육에서 중요한 부분입니다.

하지만 상업 출판은 이런 윤리적인 책임이나 사회적 반향을 고려해 더 신중하게 접근했어야 했다는 지적도 나오고 있습니다.

▶ '잔혹 동시 논란'을 취재하면서 변이철 기자의 생각은 어떻습니까?

=저는 '통제와 규율 사회의 위험성'이란 제목으로 노컷뉴스에 실린 강남순 텍사스크리스천대 교수의 칼럼이 인상적이었는데요.

그는 칼럼에서 이런 일화를 소개했습니다. 학교를 '감옥'으로 묘사한 그림을 그린 아이에게 선생님이 방과후에 남아 다시 그리라고 했다고 합니다.

이 아이는 집에 빨리 가고 싶은 마음에 선생님이 원하는 예쁜 학교 그림을 그려서 다시 제출했다고 하는군요.

그 다음부터 그 아이에게는 무슨 일이 있었을까요. 그 아이는 미술시간에는 늘 '예쁘게', 그리고 매일 일기장에는 '착한' 말만 써서 선생님에게 '잘했어요' 도장을 받기 시작했다고 하네요.

강남순 교수는 비정상적인 사회에 갇힌 아이들에게 어른들이 만든 규율을 일방적으로 강요하며 동심을 통제하려는 것도 '아주 위험한 폭력'이라는 점을 강조하고 있습니다.

▶ 아이들에게 '왜 이렇게 잔혹한 생각을 하느냐'고 나무라고 통제하기 전에 '마음이 아프다'는 그들의 호소에 먼저 귀를 기울

이는 것이 필요할 것 같아요.

　=요즘도 밤 10시에 학원버스에서 내리는 초등학생들을 흔히 볼 수 있는데요. OECD 기준으로 우리나라는 10대 자살률 1위 국가입니다. 일 년에 250명 내지 300명의 10대 청소년이 자살을 하고 있는 실정인데요.

　한 아이가 죽어도 온 사회가 고통스러워하며 근본 해결책을 찾아 나서야 하지 않겠습니까? 그런데 수백 명이 자살로 호소해도 우리는 '집단 불감증'에 빠져 냉담하거나 무관심하고 낙인찍는 일에 골몰합니다.

　바로 이런 어른들의 태도나 사회적 분위기가 아이들을 죽음으로 내몰고 '끔찍한' 시를 쓸 수밖에 없도록 만드는 것은 아닌지 이번 기회에 함께 생각해 볼 일입니다.

(CBS, 2015. 5. 14 오전 6:38-47(9분간))

[앵커브리핑] 아동 놀이권 헌장…'한국 어른들의 잔혹 동화'

손 석 희 앵커

뉴스룸 2부의 문을 열겠습니다.

조금 늦었지만 논란이 됐던 이른바 '잔혹 동시'를 다시 꺼내봤습니다. 일부 종교단체에선 '사탄의 영이 지배하는 책'이라고 맹비난을 쏟아냈더군요.

인터넷에서 일어났던 그 많은 비난은 시를 쓴 어린이와 그 가족들에겐 어찌 보면 잔혹 동시보다 더 무시무시했을 것 같습니다. 어찌 됐든 지금 이 책은 이미 전량폐기되었습니다. 논란이 사그라드는 시점에서 뒤늦게 이 책을 집어든 이유가 있습니다. 그 이유는 잠시 후에 말씀드리겠습니다.

'아동 놀이권 헌장'

　오늘(13일) 정부가 제정하기로 했다는 헌장입니다. 얼핏 지금은 사문화돼버린 지 오래인 국민교육헌장이 떠오르기도 합니다.

　우리나라 어린이의 행복도가 OECD 국가 중 압도적인 꼴찌라는 사실 이미 모두들 알고 계실 테지요. 그래서 정부가 아동행복도를 10년 내 OECD 평균 수준으로 끌어올리겠다는 겁니다. 그런데 이게 헌장을 만들어서 될 일인가. 이러다 수학 경시대회에 내보내는 아이들처럼 '행복도' 역시 바짝 과외선생을 붙여 올려놓는 것이 아닌가 걱정이 되기도 합니다.

　냉정하게 살펴보지요. 우리는 아이들이 마음 놓고 뛰어놀 시간과 공간은 주었던가요? 세월호 이후 그저 아이들이 집에만 돌아와도 눈물겹게 고맙다던 어른들은 어느새 당시의 기억을 잃어버리고 말았습니다.

　그건 어른들도 어찌할 수 없는 경쟁사회이니 너무 어른들만 탓하진 말자, 그 말도 충분히 일리는 있습니다.

　그렇다면 이건 어떨까요? 한국사회의 어른들은 과연 아이들에게 잔혹하지 않은가. 하루 종일 폭력과 성을 아이들의 자그마한 머릿속에 구겨넣고 있는 한국의 어른들은 잔혹하지 않은가. 잠시 뒤에도 초등학교 바로 앞에 버젓이 자리잡은 유흥가의 모습도 보도해드릴 예정입니다.

이른바 잔혹 동시를 비난하는 기사가 넘쳐나던 그 언론사들의 홈페이지는 사실 그보다 더 엄청난 양의 낯 뜨거운 성적 광고가 넘쳐납니다.

한국의 어른들은 어린이에게 '동심'을 강요하고 윽박지를 자격이 있는 것인가. 《중앙일보》의 양선희 논설위원이 논란이 된 '잔혹 동시'에 대해 당시 이런 내용의 칼럼을 썼더군요.

"처음엔 섬뜩했고. 제정신인가 싶기도 했지만… 30년도 더 지난 어린 시절을 떠올려 보니 소녀의 마음이 궁금해졌다"는 겁니다. 자신 역시 어른들을 끔찍이도 싫어했던 소녀시절을 겪었다는 것이지요. 양선희 논설위원님, 저뿐만 아니라 많은 사람들이 동의할 겁니다.

어른들이 만들어 추진하겠다는 '아동 놀이권 헌장', 그리고 OECD 평균수준의 어린이 행복도 달성. 이런 걸 무슨 무역 수출액 달성처럼 인식하고 있는 게 아닌가 하는 우려가 앞섭니다.

어찌 보면 한국사회를 들었다 놓았던 이른바 '잔혹 동시'는 그런 어른들을 향한 외침은 아니었을까요?

놀이밥. 놀이 운동가 편해문 씨가 자주 쓰는 말입니다. 아이들에게 놀이는 밥과 같다는 것으로 놀이를 굶겨선 안 된다는 것이지요. 놀이밥도 주지 않은 채 동심만 강요하는 지금의 어른들의 모습이 더 잔혹 동화가 아닐지….

앵커브리핑이었습니다.

손석희

(jtbc tv 2015. 5. 13)

[M+TView] '영재발굴단' 잔혹 동시? 동심을 파괴한 건 '당신'

이 다 원 MBN 기자

일명 '잔혹 동시'라 불린 동시집『솔로 강아지』의 이순영 양이 논란에 대해 드디어 입을 열었다. SBS '영재발굴단'에서 엄마인 시인 김바다 씨, 가족들과 함께 일상을 공개한 것. 영상 속 순영 양은 "되게 나쁜 말이 많았다. '사이코패스가 아니냐'는 글도 봤다"며 괴로웠던 당시를 담담하게 고백했다.

15일 오후 방송된 '영재발굴단'에서는 순영 양의 평범한 하루와 부모의 독특한 교육 철학에 대해 자세히 그려졌다.「학원 가기 싫은 날」에서 독특한 표현으로 일각에서 지탄을 받은 뒤 처음으로 얼굴을 내비친 거라 그의 한 마디, 한 마디에 관심이 쏠렸다.

이날 방송에서 순영 양은 똑 부러진 말솜씨로 자신을 소개했다. 이어 "학원 가기 싫은 날이 딱 하루가 있었다"며「학원 가기 싫은 날」을 쓴 이유가 단순했다고 밝혔다. 또한 김바다 씨는 "처음 이 시를 읽고 깜짝 놀랐고 딸의 슬픔도 느꼈다"며 "그걸 보고 학원을 당장 끊었다"고 말해 웃음을 자아냈다.

이후 전파를 탄 순영 양의 일과는 여느 또래와 조금 달랐다. 아침부터 밤까지 자신이 놀고 싶은 만큼 놀면서 친구들과 어울렸다. 만화책을 보거나 책을 읽기도 했다. 또한 변호사 아버지와 시인 어머니, 오빠와 둘러앉아 화투를 치면서 화기애애한 분위기를 형성하기도 했다. 순간순간을 있는 그대로 느끼고 창작력이 샘솟을 수 있도록 한 환경이었다.

그 과정에서 탄생된 다른 시들을 맛볼 수 있는 기회도 마련됐다. 「솔로 강아지」, 「표범」 등 아이의 놀라운 상상력이 빚어낸 시들을 저자가 직접 읽어주며 '잔혹 동시'라는 오해를 순식간에 불식시켰다. 순영 양은 "제 시는 「학원 가기 싫은 날」이란 정확한 제목이 있는데 왜 그렇게 부르는지 모르겠다. 시는 그냥 시일 뿐"이라며 일부 꽉 막힌 어른들의 잣대에 의문을 던졌다.

순영 양은 "엄마가 예전보다 더 날 사랑해줬으면 좋겠다"는 투정을 할 만큼 여리고 어렸다. 그 동안 그를 향해 날아오는 비난과 부정적인 시선이 얼마나 견디기 힘들었을지 짐작될 정도.

'잔혹 동시'라 부르면서 아이를 괴물로 만든 건 남 말하기 좋아하는 어른들 아니었을까. 시를 시로 바라보지 않는 때 묻은 마음이 어린 시인의 펜대를 꺾은 건 아닌지 우려가 남는 순간이었다.

http://media.daum.net/entertain/star/newsview?news
id=20150716125307586

'잔혹 동시' 저자 이순영, '영재발굴단'서 논란 밝힌다

이 다 원 MBN 기자

잔혹 동시로 알려진 「학원 가기 싫은 날」 저자 이순영 양이 그 동안 불거진 논란을 직접 밝힌다.

이순영 양과 어머니인 시인 김바다 씨는 최근 '영재발굴단' 촬영에 응하며 자신들을 둘러싼 논란에 대해 입을 열었다.

그 동안 언론 인터뷰 요청을 거절해왔던 김바다 씨는 "국악 신동 표지훈 군의 방송을 보고 다른 언론 매체와 달리 '영재발굴단'은 아이의 마음 속 이야기를 들어주려고 염려해주는 프로그램이라고 생각한다"며 출연한 이유를 밝혔다.

영재발굴단 MC 컬투

사진=SBS 제공

　그는 "처음 순영이 「학원 가기 싫은 날」이라는 시를 보여줬을 때 입이 안 다물어질 정도로 놀랐다"면서도 곧 슬픔을 느꼈다며 속내를 내비쳤다. 이어 "우리 가족을 모르는 사람들이 시를 보면 오해할 수도 있을 것 같다. 하지만 딸과 엄마가 억압적인 관계고 누르는 관계였다면 딸이 저런 표현을 했을 때 엄마로서 그 시를 감히 세상에 드러내놓지 못했을 것"이라며 독특한 교육 철학을 공개했다.

　이들의 일상을 지켜본 가수 윤하는 "너무 몰입해서 보느라 손톱의 네일장식을 뜯고 있는 줄도 몰랐다"고 입을 다물지 못했고, MC 컬투도 "정말 많은 걸 느끼게 하는 순간이었다. 어른들이 이 방송을 꼭 봐야할 것 같다"고 말했다.

　이순영 양의 속사정은 15일 오후 8시55분에 방송된다.

http://m.media.daum.net/m/entertain/news-view/20150714104810631

[스브스뉴스] '잔혹 동시' 쓴 10살 소녀…직접 만나니 반전

권 영 인, 신 정 희 기자

지난 봄, 한 초등학생이 대한민국을 발칵 뒤집어놨습니다. 일명 '잔혹 동시'라고 불렸던 시 한 편 때문입니다. 10살 아이가 쓴 시라고 하기엔 내용이 과격하고 충격적이었습니다. 아이의 시집은 논란 끝에 출간 40여일 만에 전량 폐기처분 됐습니다. 하지만 아이에 대한 의문은 좀처럼 사라지지 않았습니다. SBS '영재 발굴단'에서 이 아이를 최초로 만났습니다. 도대체 왜 이런 시를 쓰게 됐는지 직접 알아본 겁니다.

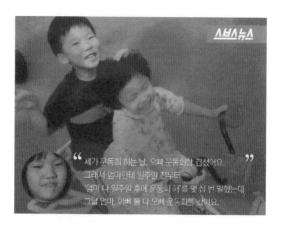

" 제가 운동회 하는 날, 오빠 운동회랑 겹쳤어요.
그래서 엄마한테 일주일 전부터
'엄마 나 일주일 후에 운동회 여'를 몇 십 번 말했는데
그날 엄마, 아빠 둘 다 오빠 운동회를 갔어요. "

다만 오빠를 더 챙겨준 엄마, 아빠에 대해
불만이 조금 있었습니다.

뿔이라도 달렸을 것 같았던 아이는 다른 초등학생들과 다름없
는 평범한 학생이었습니다.

"학원이 몇 개예요?"

"세 개 안 넘어요."

"세 개 다 가기 싫어서 쓴 시예요?"

"아니요. 그날은 딱 한 개였어요."

시 속에서 그렇게 가기 싫어했던 학원도 세 개가 넘지 않았습
니다. 심지어 시가 알려진 후, 학원을 그만뒀습니다. 엄마를 잔
인하게 죽이고 싶었을 만큼 괴로웠다는 아이는 가족들과 행복하
게 생활하고 있었습니다.

"제가 운동회 하는 날, 오빠 운동회랑 겹쳤어요. 그래서 엄마한 테 일주일 전부터 '엄마 나 일주일 후에 운동회 해'를 몇 십 번 말 했는데 그날 엄마, 아빠 둘 다 오빠 운동회를 갔어요."

다만 오빠를 더 챙겨준 엄마, 아빠에 대해 불만이 조금 있었습 니다. 처음에 시를 보고 깜짝 놀랐던 엄마는 관심과 사랑을 더 받고 싶어 했던 순영이가 자신만의 언어로 표현한 것이라고 이 해하고 있습니다.

다섯 개의 돌

하나를 던지고
하나를 받는 소리

소금 흔들리는 소리

돌 안에 소금
소금 안에 바다

바다가 내 손안에서
출렁이는 소리

다섯 개의 바다

사실 순영이의 다른 시들은 일명 '잔혹 동시'라고 불리는 시와 비교할 수 없을 만큼 천진난만하고 아름답습니다.

[이병철/시인]
"공깃돌이라고 하는 작은 일상적인 사물부터 바다를 연상시킨 사유의 확장력이 굉장히 뛰어납니다."

[나태주/시인]
"언어 감각이 뛰어나고 사물을 바라보는 시선이 남다르네요. 출중한 아이입니다."

전문가들도 순영이의 언어 표현 능력은 매우 탁월하다고 합니다.

"나쁜 말이 많았어요. 사이코패스라고… 음… 이렇게 생각하는 사람도 있구나. 잔혹 동시… 어떤 사람들이 막 그렇게 불러요. 제 시는 「학원 가기 싫은 날」이라는 정확한 제목이 있는데…"

남다른 재주 때문에 어린 나이에 세상 사람들의 관심과 비난을 받았던 순영이. 순영이의 서운한 마음을 알아차린 후, 오빠를 편애하지 않겠다고 다짐한 엄마. 순영이의 다음 시집은 많은 사람들의 사랑을 받기를 기대해 봅니다.

제2부

신문기사 : 초등생의 '잔혹 동시' 충격

[단독] 초등생의 '잔혹 동시' 충격…그것을 책으로 낸 어른들

이 우 중 기자

> 학원에 가고 싶지 않을 땐/ 이렇게// 엄마를 씹어 먹어/ 삶아 먹고 구
>
> 워 먹어/ 눈깔을 파먹어
>
> ─「학원 가기 싫은 날」 중

초등학생이 펴낸 동시집에 실린 시(사진)의 일부다. 초등학생의 시라고 보기엔 내용이 너무 폭력적이어서 논란이 일고 있다. 대다수 학부모와 교사들은 "섬뜩하다"면서 고개를 가로저었으나 또래 아이들 사이에선 "무섭지만 심정은 이해가 된다"는 반응도 나왔다. 출판사는 어린 작가의 의도를 생각해 가감없이 실었다고 설명했다.

지난 달 출간된 이모(10)양의 동시집에 수록된 「학원 가기 싫은 날」에는 여자아이가 쓰러진 어머니로 보이는 여성 옆에서 입가에 피를 묻히고 심장을 먹고 있는 삽화가 곁들여져 있다. 이 책

의 주 독자층은 초등학생들이다.

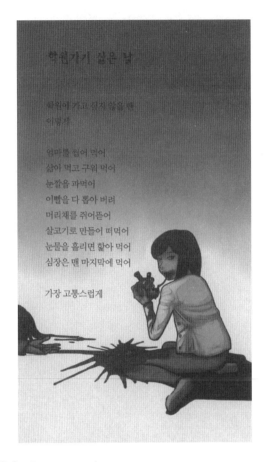

(《세계일보》 2015. 5. 4)

[현장메모] 초등생 시인에 쏟아진 악플… 잔혹한 현실이 '잔혹 동시' 낳았다

이 우 중 기자

잔혹 동시집 전량 폐기로 일단락… 인터넷상에선 오히려 논쟁 확산… "사이코패스" 등 인신공격 난무…일부 수록 작품 정서엔 깊이 공감… 지금의 아픔 자양분 삼아 도약을

초등학생인 이모(10)양의 동시집 『솔로 강아지』 중 「학원 가기 싫은 날」을 접했던 첫 느낌은 섬뜩함이었다.

내용도 그랬지만 피가 흐르는 심장을 물어뜯고 있는 삽화는 더욱 충격적이었다. 출판사에 문의한 결과 동시집으로 출간했고 '초등학교 전 학년'이 주 독자층이라는 답변을 받았다. 취재에 응한 대다수 학부모와 교사들은 우려를 표명했다. '잔혹 동시' 논란의 불을 지핀 《세계일보》의 지난 5일자 보도는 '다소 잔인한 삽화까지 곁들인 해당 동시는 아이들이 읽기에 적합한가'라는 의문과 더불어 이런 동시가 나온 근본적 원인인 우리의 교육 현실

에 대한 논의가 뒤따랐으면 하는 취지에서였다.

　파문이 커지자 해당 시집을 출간한 가문비출판사는 기사가 나간 다음날 홈페이지에 사과문을 게재하고 이 시집을 전량 회수·폐기 처분하기로 결정했다. 이 양의 부모는 지난 7일 서울중앙지방법원에『솔로 강아지』회수 및 폐기 금지 가처분신청을 냈다가 10일 폐기 결정을 받아들였다. 이 양의 어머니는 "일부 종교단체에서 '아이의 시적 영감이 사탄의 영에 의해서 온다'고까지 말해 심사숙고한 결과 가처분신청을 취하하기로 했다"며 "크리스천 입장에서 이런 우려가 종교적으로 일어난다는 데 저희도 책임이 있어 송구스러운 마음에서 취하한 것"이라고 밝혔다.

　이로써 '잔혹 동시' 파문은 일단락됐지만 보도 이후 애초 기사 취지와 다른 방향으로 전개된 일부 흐름은 눈살을 찌푸리게 했다. 그중 하나가 이 양을 향한 인신공격성 매도 분위기다. 이 양을 '사이코패스'로 몰아붙인 '잔혹 댓글'이 난무했다. 이런 댓글을 읽다 보니 어른들의 '잔혹한 시선'과 아이들이 겪는 '잔혹한 현실'이 '잔혹 동시'를 낳은 것은 아닐까 하는 생각이 들기도 했다.

　기사를 쓰기 전에『솔로 강아지』수록작을 여러 번 정독했다. 몇 편의 시에서는 이 양의 정서에 깊이 공감할 수 있었다. 초등학생의 작품이라고는 선뜻 믿기지 않을 만한 수준 높은 시도 적지 않았다. 가령 '몸속에 숨어 사는 피의 정체를/ 알아보려면/ 상처딱지를 뜯고 피를 맛보아야 한다// 모기처럼 열심히 피를 찾아야 한다/ 모든 시에서는 피 냄새가 난다(「내가 시를 잘 쓰는 이유」 중)'는 시가 그랬다. 기사가 나간 후 여러 통의 메일을 받았다. 그 중 하나는 '포털사이트, SNS에서 해당 어린이에 대한 비난이 쇄 도하는 것을 보면서 만족하는가?'라는 힐난이었다.

한때 문학 활동을 같이 했던 한 친구는 블로그에 '더 이상 문 우文友가 아니라 이제 기자이기만 하다'며 '기사를 쓴 기자도, 아 이를 그저 사이코로만 보는 대중들도 문학을 보는 눈은 먼 것 같 다'고 기자를 비판했다. 그러면서 '아이가 계속 시를 썼으면 좋겠 다'고 덧붙였다. 그의 주장에 모두 동의할 순 없지만 이 양이 더 좋은 시를 쓰기를 바라는 마음만은 매한가지다.

이 양의 어머니는 11일 기자와의 통화에서 "처음에는 아이가 악플을 보고 충격을 많이 받았지만 지금은 괜찮다"며 "이야기를 많이 나눴고, 잘 지내고 있다"고 말했다. 이 양이 다니는 복싱학 원에 친구들이 두 명 더 등록했다는 소식도 전했다. 앞서 이 양 의 어머니는 「학원 가기 싫은 날」을 읽고 처음에는 충격을 받았 지만 곧 싫어하는 학원 대신 아이가 원하는 복싱학원 등에 보내 게 됐다"고 말했다. 기자를 향해 '병 주고 약 주느냐'고 말하는 이 들이 있을 수도 있겠지만, 이 양이 앞으로 더 좋은 글을 써 주길 바라는 것이 기자의 솔직한 심정이다.

(《세계일보》 2015. 5. 11)

Controversy over child's violent poem rages on
Mother defends piece as social criticism
PLAY AUDIO

LEE SUN-MIN 기자

The cover of "A Single Dog," which features poetry written by a 10-year-old, has sparked controversy for one poem's violent content.

The controversy over a poem penned by a 10-year-old that contains violent content is still ongoing almost a week after its publisher said it would recall and destroy all the copies of the collection for young children that features the piece.

The graphic imagery of the poem "The Day I Hate Going to the Academy," in which an elementary school student seems to suggest her mother should be boiled and eaten for sending her to after-school classes, continues to raise ethical questions about how to treat literary works of this nature by young writers.

The poem, which reads, "When I don't want to go to the academy/ Just like this/ Chew on Mom/ Boil her, bake her/ Eat her eyes up/ Pull out her teeth/ Rip off her hair/ Turn her into sliced meat/ If she cries, lick her tears/ Keep her heart for the last course/ It's most painful that way," was written by Lee Soon-young.

It is featured in "A Single Dog," a collection of poetry by the young author that was released in March by Gamoonbee Publishing Company.

An illustration of a girl eating a heart on a floor covered in blood accompanies the poem, perhaps adding to the visceral reaction it incited.

Internet commenters – especially mothers – on many online blogs and forums have shown their discomfort over the content, with some even suggesting that Lee's mental health should be assessed by professionals.

Others have voiced support for the 10-year-old, however, with some individuals saying she has a very unique way of expressing her feelings and that her high level of writing is far more mature than her age would imply.

"Moms are outraged," said Park Jeong-yoon, a mother of two

children who are in elementary school and middle school, after hearing about the poem.

"Because the poem's target readership is elementary school students, alongside the fact that it's not just a one-time disposable poem circulating online but printed material."

The mother said she would allow her child in middle school to read the poem but felt that her elementary school child was too young to see it.

"Writing a poem could be one way for a mother and a child to communicate and express his or her feelings, but I think it shouldn't have been printed and published to be widely read," the mother added.

On Tuesday, a day after a local newspaper Segye Ilbo published a report about the book, Gamoonbee Publishing Company said that it takes full responsibility for choosing to release the controversial compendium.

About half of its 2,000 copies have already been sent to online and offline stores.

"We have received much criticism and complaints about some content of the book going over the threshold of what [an ordinary person] takes as freedom of speech and that particular writing can have a negative influence on children," said Kim

Sook-bun, the president of the company.

Another official at the small publishing house, which has four employees, said they had held a discussion regarding whether the poem should be included in the book.

"The writer and her parents expressed their strong will to publish that particular poem, and we all kind of expected that there could be some criticism raised against the piece," said the official, who refused to be named.

"But nothing like this.

"Since not all the poems in the book contain such controversial content" the official continued, "we made a judgment call, but in the end that was a mistake."

This is not the first time that Lee, who has received an award from a local children's literary competition in the past, has had her work published. She has co-authored a book with her older brother and her mom, who is also a poet.

This collection is her third published work.

"If you are only focusing on the exterior of this poem, you are missing the essence," Lee's mother, Kim Ba-da, told the Korea JoongAng Daily in a series of phone calls late last week. "The poem is written to criticize the Korean society where kids are pushed to attend private academies, and there is no reason for the writer to take all the blame."

She claimed the guilt of parents, who may have pushed their children too hard due to Korean society's fervor for education, was what triggered the mass upset over the published poem.

According to a survey of 3,000 parents by the Korea Consumer Agency, which was released in February, 37.9 percent of elementary school students attend academic sessions outside of ordinary school three to four times a week, while 33.6 percent go to such classes five to six times a week.

More than half of the students who receive additional education do so at private academies widely known as hagwon.

English is the most popular subject, with 73.5 percent of the students referenced in the survey attending such classes.

Lee wrote the poem based on her experience attending English hagwon, which led her mother to withdraw her from the academy.

"While friends of Lee said they enjoyed the book and were not affected by it, moms are cursing and are getting angry," Kim said, adding that she was also shocked when she first read her daughter's poem.

"That anger should be angled toward the moms themselves, not at us, and that's the uncomfortable truth here."

Kim filed an injunction to stop the publisher from destroying the books at the Seoul Central District Court on Friday but announced on Sunday she would drop the case. She said she does not want further controversy to rise over the poem because of criticism from Christian groups who have denounced the book as the work of the devil.

The family, who also identifies as Christian, has decided to respect the publisher's decision.

"Maybe we should have put a subtitle that says this is a bizarre and a horror collection of children's poems," said Kim, "So that people could have known this from the beginning that this poem may have an unusual way of unraveling stories."

Many literary experts and critics are advocating the idea that the poem is just a symbolic description of Lee's observations rather than her "malicious" desire to harm her mother.

"Adults who believe that children have an angelic peace of mind will be offended by the poem," said professor Chin Jungkwon, a professor at Dongyang University and a political and cultural commentator.

"Children don't get ruthless from reading a poem but learn cruelty as they watch their parents alienating a child online."

Heo Hee, another literary critic, said that Lee has merely expressed her feelings in a straightforward way. He believes the expression might be shocking in the eyes of adults but says if that is how children see the world, then adults should respond accordingly.

"The mother in the poem could be the symbol of a greater power that stops a child from doing things as she desires, not the biological mother," he said. "It is the job of adults to direct young readers on how to understand the given text and have an open discussion on hidden meanings."

He added that the illustrations accompanying the poem over-powered it.

The illustrator of the drawing refused to comment on his work, Lee's mother said.

A psychological expert said children can have a harder time understanding why they are sometimes stopped from doing the things they want to do.

"Adults come under the same level of stress when they know why they are being picked on by their bosses without an expla-nation," said Kwak Geum-ju, a psychology professor at Seoul National University.

"The same goes for children. They may get more stressed when they don't understand why they have to study or go to private academies ... and such oppressed feelings come out in writing or painting."

She said that Lee may need psychological help if she continues to write much about her anger in such a way later in the future but explained that she is not too worried about her current state of mind.

"Since it is hard to express something without actually experiencing it, although this doesn't mean she would become violent just because she wrote such things, this for sure means that she has felt all those feelings at one point," she said.

"But most elementary students develop ideas about death and suicide, which doesn't mean they will actually do anything about it. What's important here is that she felt what she wrote at one point, and if feeling such emotions continues over the course of a few years, then I would recommend the child should get professional help."

Other onlookers who have read other parts of Lee's book have commented on the outstanding command of expression the young author has.

The compendium's titular work, "A Single Dog," includes the phrase "Loneliness is flat," which has been lauded by critics who describe it as a fresh delivery of how one actually feels when they are lonely.

A critic the Korea JoongAng Daily reached out to refused to comment further on Lee's talents as he said he has not yet extensively read Lee's work, but he did say that she does not write as everyone else does.

All the poems in the book have been translated into English.

Lee's parents requested that Korean and English versions of the works should be juxtaposed so that they can not only speak to a wider range of readers, but also give local children a chance to learn English.

The publishing company usually releases electronic versions of all their paper books, but it has put an indefinite halt on producing one for this particular book.

(코리아중앙데일리 중앙일보 영자신문, 2015. 5. 12)

'잔혹 동시' 논란 10세 소녀 "시는 시일 뿐인데 진짜로 여겨"

"어린이는 무서운 생각하면 안 되나 이상의 시「오감도」정말 멋졌다" 어머니 "요즘 초등생 엽기에 익숙" 학부모들 "동시로 적합하지 않다"

채 윤 경, 김 민 관 기자

잔혹 동시 논란을 빚은 「학원 가기 싫은 날」 등 30여 편의 시가 담긴 시집 『솔로 강아지』를 펴낸 이모(10)양이 입을 열었다. 지난달 30일 발간된 동시집 『솔로 강아지』는 일부 작품이 폭력적이라는 보도가 나오면서 논란의 중심에 섰다. "학원에 가고 싶지 않을 땐… 엄마를 씹어 먹어" 등의 표현과 삽화가 문제였다. '학원 가기 싫은 날'은 이 양이 시집에 꼭 실어달라고 출판사에 부탁한 시였다고 한다.

이 양은 어머니의 동의를 받아 기자와 한 전화 통화에서 "어린이들이 어른들보다 더 무서운 생각을 하면 안 되는 건 아니지 않느냐"며 "그런 생각을 할 수도 있고, 시는 시일 뿐인데 진짜라고 받아들인 어른들이 많아 잔인하다고 하는 것 같다"고 말했다. 이 양은 출판사 측이 시집을 전량 폐기하기로 한 상황에 대해 "처음에는 좀 그랬지만 지금은 괜찮다. 앞으로도 계속 시를 쓸지는 잘 모르겠다"고 했다. 그는 "친구들은 내게 시를 잘 쓴다고 하는데 저는 그다지 잘 쓴다고 생각하지는 않는다"며 "오히려 학교에서 공기놀이를 잘하는 사람으로 꼽힌다"고 덧붙였다.

이 양의 어머니 김바다 씨는 "처음에는 저도 상당히 충격을 받았지만 아이 얘길 듣고 보니 요즘 유행하는 엽기물이나 괴담 만화에 익숙해진 초등생들은 잔인하기보다는 재밌는 표현이라고 보는 것 같았다"며 "아이의 모든 작품이 이런 것은 아니다"고 말했다.

실제로 시집에 수록된 다른 시는 작품성이 뛰어나다는 평을 듣고 있다. 시 「솔로 강아지」의 '외로움이 납작하다'는 구절은 네티즌들 사이에서 "문학성이 뛰어난 시구"라는 평을 받으며 화제가 됐다. 월스트리트저널에서 인터뷰를 요청하기도 했다고 한다. 진중권 동양대 교양학부 교수는 트위터를 통해 "꼬마의 시세계가 매우 독특하다"며 "도덕의 인민재판을 여는 대신에 문학적 비평의 주제로 삼았으면 좋겠다"고 했다.

일부에서는 "시인인 어머니가 대신 써준 것 아니냐"는 의혹도 나오고 있다. 어머니 김씨는 "모든 시는 아이가 9살 때 직접 쓴 것"이라고 잘라 말했다. 김씨는 "시는 가르쳐서 쓸 수 있는 게 아니다. 아이는 연과 행의 개념도 몰랐다"고 말했다. 이미 동시집을 펴낸 오빠를 보고 본인도 시집을 내고 싶다고 해 "시집을 내려면 시가 여러 편 있어야 한다"고 했더니 30편의 시를 써왔다는 게 김씨의 설명이다.

이 양은 "내가 쓴 시 중에 강아지 순둥이가 나에게 달려드는 모습을 그린 「순둥이의 응징」이 가장 마음에 든다"고 말했다. 「눈 내리는 날」이라는 시는 '나니아 연대기'를 본 후에 썼고, 「무궁화」는 수업 시간에 선생님이 내 준 주제로 즉석에서 쓴 시라고 했다. 좋아하는 시인이 있느냐는 질문에는 "엄마가 읽던 이상의 「오감도」를 우연히 봤는데 '아해들'이 반복되는 장면이 정말 멋졌다"고 말했다. 잔혹 동시 논란 이후 억울한 것이 있느냐고 묻자 "파퀴아오가 진짜 복서라고 생각하는데 언론에 메이웨더 팬으로 잘

못 나간 게 가장 억울하다. 꼭 좀 고쳐달라"고 했다.

초등생 자녀를 둔 학부모들은 우려를 나타내고 있다. 학부모 이모(37 · 여)씨는 "우리 아이가 저런 책을 읽는 것을 상상하고 싶지도 않다"며 "아이들이 보면 심리적 충격이 클 것"이라고 했다. 9살, 7살 자녀를 둔 양모(38)씨는 "또래 아이들이 읽는 동시로는 적합하지 않은 것 같다"며 "전량 폐기하는 게 당연하다"고 했다.

한편 이 양의 아버지는 10일 자신의 페이스북에서 『솔로 강아지』 폐기 금지 가처분 신청을 취하한다"고 밝혔다. 그는 "일부 크리스천들이 이건 사탄의 영이 지배하는 책이라고 심한 우려를 표현하고 계신다"며 "크리스천으로 심사숙고한 결과, 더 이상 논란이 확대 재생산되는 것을 원치 않아 전량 폐기를 받아들이기로 했다"고 설명했다.

김지은 아동문학평론가는 "어린이가 생각을 솔직하게 표현하고 자유롭게 얘기하게 하는 것은 문학 교육에서 중요한 부분이지만 상업 시장에 출판하는 것은 신중해야 할 문제"라고 말했다. 김 평론가는 "책이 출판되면 책을 펴낸 당사자가 윤리적 책임이나 사회적 반향, 미학적 평가를 감당해야 하기 때문에 조심스럽게 접근해야 한다"며 "이 양이 각종 비난에 직접 노출될 수밖에 없는 상황이 안타깝다"고 말했다.

일부에선 "출판사가 시적 표현을 그대로 그린 삽화를 넣어 논란을 더 키운 측면이 있다"는 지적도 나온다.

(《중앙일보》 2015. 5. 11)

잔혹 동시 논란『솔로 강아지』출간 40여일 만에 전량 폐기

김 민 관 중앙일보 기자

'잔혹 동시' 논란을 빚었던 동시집『솔로 강아지』가 전량 폐기됐다. 책이 출판된지 40여일 만이다.

가문비 출판사는 12일 이모(10)양의 동시집『솔로 강아지』439권을 모두 파쇄했다고 밝혔다. 지난 3월 30일 출판된『솔로 강아지』는 2000부가 인쇄됐다. 이 중 이미 판매된 700여 권과 이 양이 소장한 책, 일부 지방에 배포된 후 소재가 파악되지 않는 것을 제외하고 모두 회수한 것이다.

출판사는 이날 오후 3시 경기 고양시의 한 폐지 처리장에 책을 모아 파쇄했다. 공업용 집게차가 400여 권을 한 번에 집어들어 3m 길이의 원통형 파쇄기 앞으로 옮기자 인부 두 명이 동시집을 집어 넣었다. 뻥튀기 터지듯 펑펑 튀는 소리를 내며 분쇄가 된 책이 우측 폐지더미 위로 가득 쌓였다. 파쇄에 걸린 시간은 3분이었다.

당초 전량폐기를 요구했던 학부모 단체들 중 일부가 '시집을 불태우라'고 요구했지만 출판사 측은 파쇄를 선택했다. 출판사 측은 "지난 5~7일 학부모들이 하루 평균 5통씩 출판사에 전화를 해 '자식이 없느냐. 당장 불태우라'고 요구를 하거나 '상식의 잣대로 볼 때 옳다고 생각하느냐'고 항의를 했다"고 말했다.

출판사는 폐기했다는 증거를 요구하는 사람들이 많아 사진과 동영상을 촬영했다. 현장을 지켜본 출판사 직원 최모(52)씨는 "시집에 대한 시인의 애착을 알기 때문에 안타까운 마음이 들지만 항의가 많아 어쩔 수 없는 일"이라고 말했다.

(《중앙일보》, 2015. 5. 12)

[김성탁 기자의 교육카페] 얼마나 학원 가기 싫었길래 … '잔혹 동시' 만든 학업 스트레스 1위 한국

김 성 탁 기자

10세 소녀가 쓴 「학원 가기 싫은 날」이란 제목의 시를 놓고 논란이 일었습니다. 시를 읽어봤습니다. '학원에 가고 싶지 않을 땐/ 이렇게/ 엄마를 씹어 먹어…'. 부모를 놓고 이렇게 잔혹한 표현을 쓸 수 있느냐는 비난이나 시적 표현의 자유로 인정해 줘야 한다는 시각이 분분하지만 맨 먼저 든 생각은 그런 게 아니었습니다. 얼마나 학원이라는 곳이 가기 싫었으면, 반대로 학원이 아닌 곳에서 얼마나 다른 활동을 하고 싶었으면 이런 표현까지 썼을까 하는 걱정이 들었습니다. 『솔로 강아지』라는 시집을 낸 그 소녀만이 아니라 오늘도 학원버스를 탄 제 아이부터 입시학원을 돌고 있을 수많은 학생들의 심정이 그럴 것만 같았습니다.

교육정책에 관여하는 고위 인사도 같은 얘길 했습니다. 그는 "시집의 다른 시를 읽어보니 아이의 글 솜씨가 보통이 아니던데 자신만의 생각을 쓴 게 아니라 학교에서 만난 친구나 놀이터에서 어울린 다른 아이들의 마음까지 녹여 담은 것 같았다"고 말했습니다. 그래서 그는 그 시를 '저항시'라고 표현할 수 있겠다고 했습니다. 행복을 유예하는 것이 당연한 것처럼 말하는 어른들에게, 학원에 가지 않으면 큰일이라는 생각을 어른들에게 심어준 세상에 아이들이 격하게 던지는 저항의 목소리라는 겁니다.

이른바 '잔혹 동시'는 경제성장의 바탕이 됐고 학업 능력에선 아직도 세계 최고 수준인 한국 교육의 그림자를 돌아보게 합니다. 한국보건사회연구원 분석에 따르면 국내 11, 13, 15세 아동의 학업 스트레스 지수는 50.5%로 미국·영국 등 조사 대상 29개국 중 가장 높습니다. 반면 주관적인 건강상태 지수는 높게 나왔는데 "고통에 대한 인내심이 높거나 학력 위주의 경쟁적 학교 환경이 반영된 결과"라는 분석이 곁들여졌습니다.

행복감을 느끼지 못하면서 아동·청소년기를 보내기 때문에 학생 자살률은 한국이 경제협력개발기구OECD 회원국 중 1위입니다. 그래서 교육부 장관을 겸하고 있는 황우여 사회부총리는 세종청사 집무실에 학생 자살 현황판을 만들었습니다. '행복 교육'을 추진 중인 황 부총리는 목숨을 끊는 학생이 없는 게 그 바로미터라며 매일 업데이트를 한답니다. 2012년 139명이었던 가슴 아픈 숫자는 2013년 123명, 2014년 118명으로 감소세입니다. 올해도 4월 말 현재 전년 대비 32%가량 줄었다니 다행입니다.

동시 논란이 학부모들에게도 자녀들의 심정을 헤아려 보는 계기가 됐으면 좋겠습니다. 웬만한 부모 세대만 해도 지금 아이들처럼 사교육을 많이 받지 않았을 겁니다. 돌이켜보면 동네 아이들과 놀러 다니고 학교 숙제만 꼬박꼬박 해도 되는 유년 시절이 떠오를 겁니다. 당시 입시에서도 경쟁이 있었지만 지금처럼 학원에 안 다녔어도 우열을 가를 수 있었습니다. 한 사교육기관 대표는 학원에 다니는 이유로 "옆집 아이도 다니기 때문"이라고 말합니다. 옆집 부모와 합심해 마음이 잔혹해져 가고 있을지 모르는 아이들을 좀 풀어 줄 순 없을까요.

(《중앙일보》, 2015. 5. 14)

[Why] '잔혹 童詩', 아이의 솔직한 표현은 "인정"… 책 출간까진 "글쎄"

곽 아 람 기자

10세 초등생 詩 파문으로 본 '아동 표현의 자유' 어디까지

10세 초등학생이 쓴 시詩 한 편이 최근 '잔혹 동시' 논란을 불러일으켰다. 문제의 시는 지난 3월 출간된 이모(10)양의 시집『솔로 강아지』에 수록된 「학원 가기 싫은 날」. 피가 낭자한 바닥에 앉아 사람의 심장을 뜯어먹으며 웃고 있는 소녀의 삽화가 곁들여진 시의 내용은 이렇다.

"학원에 가고 싶지 않을 땐/ 이렇게// 엄마를 씹어 먹어/ 삶아 먹고 구워 먹어/ 눈깔을 파먹어/ 이빨을 다 뽑아 버려/ 머리채를 쥐어뜯어/ 살코기로 만들어 떠먹어/ 눈물을 흘리면 핥아 먹어/ 심장은 맨 마지막에 먹어// 가장 고통스럽게."

일러스트=이철원 기자

지난 4일 한 신문은 〈초등생의 '잔혹 동시' 출판 논란〉이라는 제목하에 이 시의 폭력성 문제를 제기했다. 이 양에겐 '패륜아'라는 비난이 쏟아졌고, 해당 출판사에는 "어떻게 이렇게 잔인한 책을 아이들용으로 출간할 수 있느냐"는 항의전화가 빗발쳤다. 출판사는 이 양의 시집을 서점에서 회수한 뒤 전량 폐기처분했다. 논란은 일단락됐지만 '어린이 표현의 자유는 어디까지 허용되어야 하나?'라는 질문은 남았다.

"어린이 표현의 자유와 '출간'은 다른 문제"

어린이 글쓰기 교육에 헌신한 아동문학가 이오덕(1925~2003)은 "아이들의 글에 손을 대지 말자"고 했다. 그는 저서 『삶을 가

꾸는 글쓰기 교육』에서 "어린이들에게 자기가 보고 듣고 행한 것을 정직하게 쓰게 하는 일은 글쓰기 지도에서 처음이요 마지막이 될 만큼 중요하다"면서 어린이 글쓰기의 '정직성'에 방점을 찍었다. 그와 함께 이오덕은 어린이 글쓰기의 교육적 측면을 강조했다.

아동문학평론가들은 "아이의 솔직한 표현은 인정해 주어야 한다"면서도 "그 표현을 출판할 것인가에 대해서는 가치 판단이 필요하다"며 선을 그었다. 아동문학평론가 A씨는 "아이가 글에 솔직한 표현을 할 수 있도록 해야 한다. 그러나 그 글은 어디까지나 어른이 그 아이를 지도하는 자료로 사용돼야 할 뿐 그를 출간하는 건 다른 문제"라고 했다.

아동문학평론가 B씨는 "책(이 양의 시집)이 어린이 독자들을 겨냥해 출간된 것이 문제다. 출판물에 '19금' 제한이 있는 것이 엄연한 현실인데 삽화와 내용 모두 어린이가 읽으라고 하기엔 상당히 당혹스럽다"면서 "부모라면 직설적인 표현의 글을 아이가 공표했을 때 아이에게 쏟아질 비난도 예상했어야 한다"고 말했다.

'동시童詩'와 '어린이시'의 개념부터 명확히 정의해야 한다는 주장도 있었다. 아동문학평론가 이지호 진주교대 교수는 "'동시'란 어른이 아이들을 독자로 쓴 시를 일컫는다. 아이가 쓴 시는 '어린이시' 혹은 '아동시'라고 해서 구분한다"면서 "어린이에게 시를 쓰게 하는 이유는 아이를 성인 문학가로 키우기 위한 것이 아니다. 생활 교육을 위해서다. 아이가 '문학'의 잣대로 평가받고자 하는 욕심을 가지면 글을 억지로 꾸미게 된다"고 말했다.

성인 작가들이 쓴 아동문학 작품이라고 해서 어린이들에게 아름다운 세계만을 보여주는 건 아니다. 한 예로 '찰리와 초콜릿 공장'으로 잘 알려진 영국 아동문학가 로알드 달(1916~1990)의 '제임스와 슈퍼복숭아'에선 주인공 어린이를 괴롭히던 고모들이 거대한 복숭아에 깔려 죽는다. 출판평론가 C씨는 "엄마를 사랑하면서도 야단치는 엄마가 죽어버렸으면 좋겠다는 아이들의 이중적인 감정을 없애는 것도 분명히 아동문학의 역할이다. 그러나 아동문학의 기능에서 '교육'을 빼놓을 수는 없다"면서 "어린이가 일기장에 그 글을 썼다면 문제없었겠지만 공적인 장으로 끌려나오면서 문제가 걷잡을 수 없이 커졌다"고 했다.

"아이를 비난하기 전에 자신을 돌아보라"

이 양의 부모는 아이에 대한 원색적인 비난을 자제해줄 것을 요청했다. 이 양의 아버지는 지난 6일 출판사를 상대로 이 양 책의 회수 및 폐기 금지 가처분신청을 했다가 10일 취하했다. 이 양의 어머니 김모(39)씨는 기자와의 전화 통화에서 "처음엔 아이의 시집이 폐기된다는 게 아이에게 상처가 된다고 생각해 가처분신청을 했지만 일부 종교단체에서 '아이의 시적 재능의 근원이 사탄에 있다'라는 비난까지 하는 걸 보면서 더 이상 논란을 확대시키지 않기로 했다"고 말했다.

시인인 이 양의 어머니는 "아이의 시를 읽어보고 아이가 괜히 센 척하는 게 느껴져 피식 웃었다. 일주일에 두 번 가는 영어학원에 가기 싫다며 이 시를 써서 보여주길래 학원을 그만두게 했다"면서 "딸이 솔직하게 자기 감정을 표현한다는 사실에 감사했고, 출판사의 만류에도 그 시를 시집에 수록하기로 결정했다"고 말했다.

이 양에게 가해지는 네티즌들의 인격적 모독이 도를 넘자 이를 진화하기 위한 움직임도 시작됐다. 진중권 동양대 교수는 지난 7일 자신의 트위터에 "기네스 기록이죠? 10세 아동, '패륜시'로 '필화'에 휘말려… 하여튼 못 말리는 나라예요"라고 적었다.

문학평론가 황현산 고려대 명예교수는 7일 트위터에 "잔혹 동시와 관련해서, 중 2 여학생이 뭐든 솔직하게 쓰라는 담임의 말을 믿고 자신의 성적 욕망을 일기에 고백했다. 그후 담임의 특별관리대상이 되었고 학년이 바뀌자 새 담임에게 문제학생으로 인계되었다. 그 여학생은 지금 이름을 말하면 알 만한 시인이 되었다"고 썼다.

김민정 시인은 "엄마에 대해 이렇게 표현해도 엄마한테 사랑받을 거라는 확신이 있기 때문에 아이가 솔직하게 글을 썼다고 느꼈다"면서 "아이들이 이유식만 먹어야 한다는 발상엔 문제가

있다. 편식하지 않는 이러한 표현이 오히려 건강하다고 생각한
다"고 말했다.

　이 시에 대한 일부 어른들의 격한 반응은 무엇 때문일까. 곽
금주 서울대 심리학과 교수는 이렇게 분석했다. "부모 입장에서
(켕겨서) 움찔한 거다. 아이가 학업 스트레스로 자신에 대해 저
렇게 끔찍한 감정을 갖는다고 생각하니 자기반성과 함께 '그랬다
고 이렇게까지 하나' 하는 분노가 작동한 것으로 보인다. '아이가
어떻게…'가 아니라 '아이니까 이럴 수도 있지' 하며 넘겨야 하는
데 부모 자식 간에 소통이 부재하다 보니 자식을 신뢰할 수 있는
여유가 사라진 것 같다."

（《조선일보》, 2015. 5. 16)

'표현의 자유' 논란 중심에 선『솔로 강아지』

임 이 랑 기자

▲ ⓒ 투데이신문

초등학생이 쓴 시집『솔로 강아지』의「학원 가기 싫은 날」의 내용이 잔혹성 논란을 불러일으키고 있다. 논란의 중심에 서있는 시를 살펴보면 "학원에 가고 싶지 않을 땐/ 엄마를 씹어 먹어/ 삶아 먹고 구워 먹어"등의 내용이 들어가 있다. 특히 시의 시각적 효과를 얻기 위해 삽입된 그림은 한 여학생이 입 주변에 피가 묻어있는 채 심장을 물어뜯고 모습을 담았다.

해당 내용을 본 누리꾼들은 초등학생의 동시라고 보기에는 끔찍한 내용으로 표현의 자유의 한도를 넘어섰다는 반응을 보이고 있다. 또한 해당 시를 보게 될 다른 아동들에게 악영향을 미칠 것이라는 우려도 쏟아내고 있다.

비난 여론에 시집 전량 회수 및 폐기

『솔로 강아지』를 발행한 출판사 가문비의 한 관계자는 투데이신문과의 통화에서 "전체적으로 작품성과 예술성이 충분히 인정된다고 보고 출간하게 됐다. 현재 논란이 되고 있는 시 같은 경우에는 편집 과정 때 제외하려고 했었다"며 "하지만 작가와 부모님이 강력하게 반대했고 시집의 전체적인 맥락을 봤을 때 수용할 수 있는 부분이 있어서 제외하지 않았다"고 설명했다.

이어 "논란이 되고 있는 시의 내용이 도덕적인 잣대와 상식적인 잣대로는 이해 할 수 없겠지만 작가의 표현에 대한 욕구와 자유, 그리고 시라는 상징성을 가지고 표현했기 때문에 출판사에서는 「학원 가기 싫은 날」을 수용했다"고 덧붙였다.

다만 이 관계자는 "『솔로 강아지』의 대상 독자가 어린이였다는 것을 저희가 간과했고 실수한 점에 대해서는 사죄드린다"고 말했다. 출판사는 『솔로 강아지』에 대해 5월 5일 도서 전량을 회수하고 폐기하기로 결정했다. 작가의 부모도 당초 법원에 폐기 금지 가처분신청을 했지만 취하했다.

논란에 중심에 서 있는『솔로 강아지』작가 A(10)양의 어머니인 김바다 시인(42)은 본지와의 통화에서 "처음에는 출판사에서 「학원 가기 싫은 날」은 문제가 될 수 있다고 했다. 하지만 「학원 가기 싫은 날」의 의미가 나와 아이에게도 컸기 때문에 삭제하지 않았다"고 밝혔다.

김바다 시인은 "원래 아이가 엽기와 호러물을 좋아해 2년 정도 '전설의 고향'과 '여고괴담' 같은 호러물을 함께 봐왔다"며 "처음 내가 「학원 가기 싫은 날」을 봤을 때도 너무 엽기적이었다. 그래서 우리나라 최초로 세계 최초로 엽기 호러 콘셉트를 잡은 동시집을 내자고 아이에게 제의 했다"고 설명했다.

▲ ⓒ 투데이신문

정신과 전문의 "사이코패스? 잘못된 생각"

　특히 「학원 가기 싫은 날」에 대해 상당수의 누리꾼들은 작가인 A양에 대해 '사이코패스', '패륜아'라며 비난하고 있지만 전문가의 입장은 이와 다르다. 마음과 마음정신과 윤병문 원장은 "A양의 나이와 시 한 편을 가지고 사이코패스라고 판단하기는 어렵다. 실제로 사이코패스들은 평상시에 다른 사람을 계속 괴롭히고 자기 위주로 행동하며 도덕적인 기준이 낮다"며 "이러한 기질이 어렸을 적부터 보인다면 최소 19세 정도 돼야 확인해 볼 수 있다"고 의견을 밝혔다.

윤 원장은 "시라는 것은 상징성을 가지고 있는데 시 내용을 가지고 사이코패스라고 확정짓는 행위는 잘못된 것 같다"고 덧붙였다.

과열된 사교육 반영한 동시

김재욱 국문학 박사는 "시 내용 자체가 상당히 섬뜩했다. 하지만 이건 읽으면서 느끼는 감정일 뿐이다"며 "우리나라 사람들은 아직까지 효를 굉장히 중요시하고 부모를 건드리면 안 된다는 암묵적인 룰이 있다"고 밝혔다.

그러면서 "현실은 어둡고 깜깜한데 어른들은 아이들에게 좋은 것만 보고 좋은 시만 쓰라고 강요하는 것은 옳지 못하다"고 주장했다. 여기에 "시를 읽고 눈살을 찌푸릴 수 있겠지만 작가의 인격을 무시하고 패륜이니 사이코패스라고 하는 것은 우리나라 사람들이 문학에 대한 이해도가 떨어졌기에 나올 수 있는 반응이라고 생각한다"며 의견을 제시했다.

이은지 문화평론가는 "사교육이 과열된 사회에서 충분히 공감가는 내용의 시였다"며 "하지만 동시집과 어울리지 않는 삽화는 조금 문제가 있다고 생각한다"고 말했다.

한편, 김바다 시인은 취재 중인 기자에게 추가적인 글을 보내

왔다. 이번 논란에 대한 글이었다. '시는 그저 시일 뿐입니다. 아름답고 멋진 시를 많이 써 온 아이가 자랑스럽고 앞으로도 계속 응원할 겁니다. 이 시의 외피만을 본다면 그 본질을 놓치는 것입니다'.

(《투데이신문》, 2015. 5. 18)

[단문단상] 우리 강아지는 솔로다

황 수 현 기자

> 약혼 신청을 해 온 수캐들은 많은데
> 엄마가 허락을 안 한다
> 솔로의 슬픔을 모르는 여자
> ―「솔로 강아지」 부분

 시는 언제 태어나는가. 우리는 그것을 어떻게 다뤄야 하는가.
이런 질문이 나오기도 전에 이미 쏟아진 비난만 한 무더기다.

 (위 시는 최근 '잔혹 동시'로 논란이 돼 전량 폐기된 한 초등학
생의 시집 표제작이다. 논란이 된 시는 다른 작품이다)

 (《한국일보》, 2015. 5.8)

초등학생 '잔혹 동시' 학원 가기 싫은 날…
"당신의 생각은?" 예술성 VS 폭력성

정 자 연 기자

이른바 '잔혹 동시'가 수록된 동시집 『솔로 강아지』의 출판사가 논란이 된 도서 전량을 회수하고 보유하고 있는 도서 전량을 폐기하기로 했다.

출판사 가문비는 "모든 항의와 질타를 겸허히 수용하고 시중에 유통되고 있는 『솔로 강아지』 도서 전량을 회수하고 가지고 있던 도서도 전량 폐기하기로 결정했다"고 지난 6일 밝혔다.

가문비 측은 "표현 자유의 허용 수위를 넘어섰고 어린이들에게 부정적인 영향을 줄 수 있다는 내용의 항의와 질타를 많은 분들로부터 받았다"며 "도서 전량을 회수하고 가지고 있던 도서도 전량 폐기하겠다. 거듭 사과말씀을 드린다"고 밝혔다.

논란이 일고 있는 잔혹 동시는 지난 3월 30일 발간된 동시집 『솔로 강아지』에 수록된 시는 「학원 가기 싫은 날」이다.

이 시는 초등학생 이모(10)양이 쓴 것으로 "학원에 가고 싶지 않을 땐/ 이렇게/ 엄마를 씹어 먹어/ 삶아 먹고 구워 먹어/ 눈깔을 파먹어" 등의 다소 자극적이고 폭력적인 내용이 포함됐다.

시 옆에는 여자아이가 (어머니로 보이는) 쓰러진 여성 옆에서 심장을 뜯어먹고 있는 삽화가 곁들여져 있다.

지난 5일 시의 내용이 지나치게 폭력적이라는 언론 보도가 나가면서 여론의 비난이 거세게 일었다.

출판사 가문비는 "(출간 전) 우려를 전했으나 작가와 부모의 (꼭 싣고 싶다는) 의도를 존중해 예술 작품으로 판단하고 출간을 결정했다. 어른들의 잘못된 교육에 대해 반성할 수 있는 계기가 될 수 있길 바랐다"고 해명했다.

또 "성인 작가가 어린이를 대상으로 쓴 시였다면 출간하지 않았을 것"이라면서 "어린이가 자기의 이야기를 쓴 책이기 때문에 가감없이 출간했다. 작가의 의도를 존중했으며, 예술로서 발표의 장이 확보돼야 한다는 판단을 했다. 출간 전 이 시에 대해 '독자들이 오해할 소지가 있다'고 말했지만 작가인 이 양이 이를 매우 섭섭하게 생각했다"고 설명했다.

논란이 일자 이 작품을 두고 표현의 자유와 작가의 의도를 생각해 봐야 한다는 주장과 대상 독자들의 다수가 어린이라는 점에서 폭력성이 지나치다는 논쟁이 일고 있다.

진중권 교수는 트위터를 통해 "'어린이는 천사같은 마음을 갖고 있다'고 믿는 어른들의 심성에는 그 시가 심하게 거슬릴 것"이라며 "이런 문제는 그냥 문학적 비평의 주제로 삼았으면 좋겠다. 서슬퍼렇게 도덕의 인민재판을 여는 대신에…" 라고 밝혔다.

또 그는 "딱 그 시 한 편 끄집어내어 과도하게 난리를 치는 듯"

하다며 "읽어 보니 꼬마의 시세계가 매우 독특하다. 우리가 아는 그런 뻔한 동시가 아니다"고 평했다.

온라인 상에서 또 다른 누리꾼들은 "어린이의 눈을 통해 나온 예술작품을 어른들의 잣대로 폭력적이라고 단정짓는 것"이라는 등의 의견을 내기도 했다.

이와 함께 해당 시를 쓴 어린이가 사회적 비난에 고스란히 노출된 것을 우려하는 목소리도 나온다.

김지은 아동문학평론가는 트위터를 통해 "이 사건에 반성해야 할 사람은 모두 어른들이다. 성적을, 성공을, 이익을 향한 맨 얼굴을 들키지 않으려는 수많은 어른들의 협잡이 이 안에 있는데 애꿎은 어린이들이 공격을 받고 있다. 그들이 받을 상처가 걱정된다"고 말했다.

반면, 어린이들을 대상으로 하는 시집이 지나치게 폭력적인 것을 여과없이 출판한 자체가 문제라는 지적도 있다.

출판사 홈페이지 등에 게재된 댓글에는 "어른인 내게도 불쾌하고 역겨웠다", "예술이라면 폭력성까지 다 포용해야 하는가" 등의 반응이 달리면서 초등학생 등에게 미칠 폭력성을 우려했다.

한편, 해당 동시를 쓴 이모 양의 아버지는 《세계일보》와의 인터뷰를 통해 "시의 내용과 삽화가 자극적이고 폭력적이라면 어린이들이 마음대로 볼 수 없도록 주의 문구를 넣거나 비닐 포장을 씌우는 방법이 있다"면서 "딸이 쓴 내용이 우리 사회의 가장 아픈 부분인데 이것이 논란이 됐다고 해서 폐기하는 건 적절하지 않다"고 했다.

이어 "우리는 아이의 시를 시로 본 것이고 가정에 문제가 있는 것도 아니다"라며 "아이들이 저렇게까지 학원 가는 것을 싫어하는데 보내는 게 맞는지 등 아이들의 이야기를 진지하게 들어야 한다고 생각했다"고 폐기에 반대한 이유를 밝혔다.

(《경기일보》, 2015. 5. 7)

[포커스] 이 시집은 없어져야 할 위험한 시일까

이 범 준 기자

동시 「학원 가기 싫은 날」 논란… 잔혹한 유럽 동요 「마더 구스」는 널리 읽혀

나쁜 아가

아가, 아가, 나쁜 아가

조용히 해, 요 시끄러운 것아

지금 좀 조용히 해. 아님

보나파르트가 이 길로 지나갈 거야

아가, 아가, 그는 거인이야

루앙의 철탑처럼 거대하고 시커멓지

그는 그 철탑에 기대서 아침도 먹고 저녁도 먹지

나쁜 사람들을 매일 잡아먹지

아가, 아가, 네 소리를 들으면

그가 집으로 뛰어와서

고양이가 쥐를 찢어 죽이듯이

단번에 사지를 찢어 널 죽일 거야

그리고 널 마구 때리고 또 때릴 거야

곤죽이 될 때까지 때릴 거야

한 조각씩 물어 뜯어서

그리곤 널 계속 먹어 치울 거야.

　　　　—「마더구스」중에서

학원에 가고 싶지않을 땐

이렇게

엄마를 씹어 먹어

삶아 먹고 구워 먹어

눈깔을 파먹어

이빨을 다 뽑아 버려

머리채를 쥐어뜯어

살코기로 만들어 떠먹어

눈물을 흘리면 핥아 먹어

심장은 맨 마지막에 먹어

가장 고통스럽게

— 「학원 가기 싫은 날」(『솔로 강아지』)중에서

현대판 분서갱유를 당한 동시집 『솔로 강아지』와 저자 이순영 양의 남매가
그간 펴낸 시집들. 『솔로 강아지』는 이익단체에 의해 폐기된 시집이라는 출
판 역사를 기록하게 됐다. (이상훈 선임 기자)

　유럽에서 널리 읽히는 전래동요 『마더 구스Mother Goose』 가운
데 「나쁜 아가Naughty Baby」라는 노래가 있다. 시끄러운 아이를 잠
재우기 위한 자장가로, 프랑스의 나폴레옹 보나파르트가 등장한
다. 이 노래는 아이의 생명을 위협하며 조용히 하라고 경고한다.
아이를 재우려는 것인지 나폴레옹을 비난하는 것인지 헷갈리지
만, 일반적으로 두 가지를 모두 노린 것으로 평가된다. 마더 구

스는 17세기 이후 수백 년 넘게 불리고 있으며 여러 출판사에서 선집이 나온다. 전 세계 영문학자들도 이 작품에 대해 다양한 평가를 내놓고 있다.

최근 출판된 동시집에 잔혹한 시가 들어 있다며 여론이 들끓었다. 동시집『솔로 강아지』의「학원 가기 싫은 날」이란 시다. 학부모들이 출판사로 몰려가 시집을 없애라고 요구했고 전량 회수돼 폐기됐다. 이 동시집이 세상에서 사라지면서 논란은 순식간에 잠들었다. 문학 표현이란 무엇인지, 어떤 표현을 막을 수 있는지, 폭력에 의해 출판물을 없애도 되는지 논의되지도 못하고 없어졌다. 특히 출판사 측은 "표현의 자유의 허용 수위를 넘어섰다"는 사과문을 내놨다. 학부모 단체나 출판사에 '표현의 자유의 한계'를 판단할 권한이 있느냐는 비판도 있었다.

학부모들 출판사에 몰려가 항의

여론의 무차별적인 비난, 출판사의 상업적 고려와 함께 저자의 논쟁 회피가 이번 파쇄 사건의 중요 원인이다. 이번 시집을 지은 당사자에게 어떤 일이 벌어졌을까. 동시집의 저자는 초등학생인 10살 이순영 양이다. 어머니는 등단한 시인 김바다 씨이고, 아버지는 변호사 이인재씨다. 따라서 문학가이고 법률가인 부모가 작품 파쇄라는 극단적인 조치에 동의한 것이 우선 의외다. 이 변호사의 설명은 이렇다. "학부모 단체의 항의에 출판사에서 난처해했고 우리도 사정을 이해했다. 큰 출판사도 아니고 영세한 곳이었다. 하지만 아이가 자기 표현이 잘못됐다는 생각을 갖게 할 수는 없었다. 그래서 폐기하지 못하게 하는 가처분 소송을 냈었다."

하지만 이 무렵 '아이에게 사탄의 영이 있다'는 글이 인터넷에 올라왔다. 계속해서 이 변호사의 이야기다. "이러다가 정말 큰일나겠다 싶었다. 아이를 위해서 가처분을 냈던 것인데 더 심한 말이 나올 수도 있었다. 그래서 표현의 자유고 뭐고 소송을 중단했다." 김 시인은 "아이가 아직도 책이 폐기된 것을 이해하지 못하고 받아들이지 못한다"고 했다. 해당 출판사는 책을 다른 곳에서 내도 괜찮다는 의사를 이순영 양 가족에게 밝혔고, 가족들은 당분간 조용히 기다려보다가 재출판 여부를 판단하겠다는 입장이다.

이번 사건이 그 동안의 논란과 다른 점은 표현의 자유를 이익단체가 전면적으로 제한했다는 점이다. 시집『솔로 강아지』폐기를 요구한 학부모들은 실제로는 눈앞에서 불태우라고 했었다. 그야말로 분서갱유焚書坑儒에서의 '분서'를 요구했다. 분서갱유는 기원전 200년 무렵 진나라 시황제가 책을 불태우고 학자를 매장한 일이다. 이 때문에 이 양의 아버지 이인재 변호사도 "(이익단체가 나선) 현대판 분서갱유다. 전 세계적으로 공권력이 아니라 학부모 단체의 요구로 금서로 만든 사례가 있느냐. 더구나 소설이나 수필도 아니고 시나 동시가 이렇게 된 적이 있는지 묻고 싶다"고 했다.

17세기 이후 수백 년 넘게 불리고 있는 유럽 전래동요집 「마더 구스」의 표지. 잔혹한 내용이 적지 않지만 여러 출판사를 통해 다양하게 묶어 팔리고 있다. Greenwich Workshop Press books

어머니는 시인 아버지는 변호사

물론 표현의 자유도 여러 이유로 제한할 수 있다고 한다. 다만 반드시 법률에 근거해야 하고, 행정부가 아닌 사법부가 결정해야 한다. 하지만 이렇게 법률에 근거를 두고 법원이 판단한 경우에도 반드시 위헌 논란이 이어진다. 표현의 자유는 헌법이 보장하는 기본권 가운데서도 아주 강력하고 핵심적인 것이기 때문이다. 학부모 단체의 책을 태우라는 요구에 대해 헌법재판소 연구관 출신의 노희범 변호사는 이렇게 설명했다. "표현의 자유에 대한 침해는 맞지만 헌법소송을 비롯한 법률로는 다투기 힘들다. 공권력이 표현의 자유를 막았다면 법률적인 문제가 되지만, 이번에는 출판사가 학부모들의 압력에 굴복한 것일 뿐이다. 법률적으로는 그렇다."

더욱 문제는 사법부조차도 전면적으로 표현을 제한하는 경우는 없다는 점이다. 가령 박유하 세종대 일어일문학과 교수의 책 『제국의 위안부-식민지 지배와 기억의 투쟁』에 대해 서울동부지법이 출판금지 가처분을 인용할 때도, 일부 표현의 수정과 삭제를 요구한 것이다. 또 이 결정에 대해서는 논란이 계속되고 있다. 이와 함께 1996년 장정일의 소설 『내게 거짓말을 해봐』가 문제가 됐을 때도 자진 회수였다. 이후 위헌폐지되는 간행물윤리위원회가 '유통 제재 건의' 결정을 내리자 출판사가 작가와 협의해 책을 수거했다. 이후 장정일이 수사를 받은 것은 음란물을 배포했다는 결과의 문제였다.

노희범 변호사는 "설령 동시집에 문제가 있다고 해도 청소년 불가 등을 표기하는 방법으로 도달을 제한할 수 있는 정도다. 사법부가 표현 자체를 전면적으로 막는 것은 있을 수 없으며, 특히 표현의 한계가 나이·성별·국적에 따라 달라지지 않는다"고 말했다. 이익단체의 압력이 아닌 법률절차를 거치는 것이 전제다. 노 변호사는 "미국을 비롯한 외국이었다면 엄청난 사회적 논란을 일으켰을 문제인데, 너무나 조용히 사라졌다. 우리 사회가 표현의 자유에 대해 인식이 높지 않음을 보여줬다"고 했다. 실제로 한 경제신문에서는 '상상력의 끝이 어디일지 심각하게 염려스럽다'며 표현은 물론이고 상상까지 문제 삼는 태도를 보였다.

'아이에게 사탄의 영이 있다'며 비난

잔혹성을 비롯해 내용에 문제가 있다고 해서 표현이 금지되는 것은 아니라고 법조계 관계자들은 입을 모은다. 그럼에도 이 동시에 대해서는 "문제가 많다"는 얘기가 그치지 않는다. 그리고 문제가 있다는 것이 출판이 금지되어야 한다는 근거다. 문학은 개인 내면과 사회 현실에 문제를 제기하는 도구임을 생각하면 쉽게 납득이 되지 않는 면이 있다. 아무튼 이 시집은 사회에서 없어져야 할 위험한 시일까. 문학평론가인 성균관대 국어국문학과 황호덕 교수는 "사회가 시를 이해하지 못하고 있다. (분서를 주장한 사람들은) 문학에 대한 리터러시(Literacy · 문자화된 기록물을 통해 지식과 정보를 획득하고 이해할 수 있는 능력)가 떨어지는 것 같다"고 말했다.

황 교수의 설명을 구체적으로 들어보면 이렇다. "시는 괜찮은 시다. 그 나이에 가질 수 있는 의문을 표현하고 있다. (수컷이 없어 인형과 노는)「솔로 강아지」만 해도 인간에게 사육당하면서 많은 것을 금지당한 강아지가 자기에게 의탁해온 것을 호소했다.「학원 가기 싫은 날」도 생물학적인 엄마를 죽이겠다는 것이 아니다. 학원에 보내는 엄마, 가라마라 하는 엄마, 결정하는 엄마를 마음에서 죽인다는 것이다. 그런데 시를 신문기사나 법정 진술처럼 받아들인 것이다. 단순하고 일차원적인 반응이다. 심지어 출판사에서 그린 일러스트레이트도 시어를 그대로 옮겼다. 결과적으로 이것이 크기도 했다."

문학을 일차원적으로 이해한 우리 사회의 폭력은 반세기 전과 달라진 게 없다. 1965년 '분지필화사건'이 대표적인 예다. 1965년 소설가 남정현이 단편소설『분지糞地』를 발표하고 기소돼 유죄 판결을 받았다. '똥의 땅'이라는 뜻의 이 소설은 미군에게 성폭행을 당하고 정신착란을 일으켜 사망한 어머니를 둔 주인공이 여동생의 동거남인 미군의 아내를 강간하는 내용이다. 남정현은 소설에서 우리가 민족적인 강간을 당한다고 은유하고, 이를 언어의 형태로 복수한 것인데 결국 표현이 문제돼 잡혀 들어갔다.

사법부도 표현 금지하지는 않아

황호덕 교수는 사실상 검열이 이익집단에 의해 일어난 것에 심각한 우려를 나타냈다. "우리 사회는 『솔로 강아지』가 얘기하는 것을 보지 못했다. 문학적인 테두리 안에서 해석되거나 다툴 수는 있지만 파쇄라는 방식으로 없었던 것으로 하자는 것은 매우 우려스럽다. 아이가 비명을 지른 것인데 못 본 척하겠다는 것 아닌가. 사람 하나를, 아이 하나를 마녀로 만들어서 분쟁을 정리한 것이다. 이런 식이라면 세월호가 침몰한 것에 대해서도 없었던 일로 하는 게 가장 간단하지 않은가."

해묵은 검열의 문제가 다시 출현했다고 황 교수는 말했다. "표현의 한계에 대해서는 지난 역사를 거쳐오면서 사회적으로 합의한 방식이 있다. 사전·사후 검열을 안 하기로 하고, 영화라면 등급을 주고, 문학이나 출판물은 포장을 씌우기로 했다. 이런 성과를 단번에 모두 되돌려 파쇄해서 없애라고 주장하고 있다. (미래 세대인) 아이들을 검열을 통해 순치시키는 것이다. 역사적 경험으로 보면 글자를 지우려고 한 세력 중에 제대로 된 것이 없었다."

「나쁜 아가」를 담은 가장 유명한 『마더 구스 선집』은 옥스포드 대학 출판사에서 나온 것이다. 하지만 아직까지 이 책을 불태워 없애라는 요구는 없었다. 도대체 영국 시민들은 얼마나 잔인하기에, 이런 무시무시한 동요가 판매되고 읽히도록 놔두는 것일까. 그런 것이 아니라면, 어쩌면 정말 잔인한 것은 10살짜리 소녀의 비명이 아니라, 무력을 동원해 이를 잘게잘게 잘라 없애버린 우리 어른들일지도 모른다.

전 세계 명작 동요나 동화 가운데는 잔혹한 묘사가 들어 있는 것이 많다. 동요 가운데는 영미권의 마더 구스가 대표적이고, 동화 『빨간 모자』의 원작은 엄마 말을 듣지 않고 다른 길로 갔다가 늑대에게 죽임을 당하는 내용이다. 동화 『심청 이야기』는 딸이 아버지를 위해 목숨을 버리고, 주제도 이를 칭송하는 것이다. 동화의 잔혹성에 유교적 가치관이 투영된 결과다. 당장 우리만 해도 "자꾸 울면 호랑이가 물어간다"면서 죽음의 공포를 암시하며 겁을 준다.

잔혹하기로 가장 유명한 것이 그림형제의 동화다. 지금 팔리고 있는 『어린이와 가정을 위한 동화집』은 1812년 첫 출간 이후 약간 수정한 것이다. 하지만 여전히 무시무시함이 가득하다. 「강도 신랑」의 한 부분을 보면 이렇다. "술에 취한 강도들은 여자가 지르는 비명과 애원은 들은 척도 않고 여자에게 술을 먹였습니다. 그 술을 마시자 여자는 심장이 터져 버렸습니다. 그러자 강도들은 여자의 고운 옷을 갈기갈기 찢더니 여자를 식탁 위에 올려놓고 그 아름다운 몸을 토막토막 썰어 거기다 소금을 뿌렸습니다."

가혹함은 신체에 관한 것뿐 아니라, 정신에 관한 것도 많다. 죽은 아내를 잊지 못하던 왕이 아내를 닮은 딸에게 결혼을 하자면서 계속 괴롭히거나(『털복숭이 공주』), 계모가 의붓아들을 괴롭

히다가 나중에는 죽여서 요리로 만들고 그것을 아버지가 먹는다 (『향나무』). 이런 잔혹함은 환상성을 만들어 현실성을 떨어뜨리기 위한 장치라고 한다. 만약 부모와의 갈등 등, 현실을 직접 다룰 경우 아이들이 부담을 갖고 피하게 된다. 그래서 현실성을 제거하고 문제해결 방식만을 이해토록 하는 것이다.

어린이문학은 성인문학과 달리 현실을 그대로 보여주기 어렵다. 어린이들이 인지적 · 정서적 발달이 낮아 현실의 해독을 그대로 알려주는 것은 오히려 위험해서다. 하지만 어린이문학도 당연히 현실에 대한 대처능력을 키워주는 것을 목표로 하며, 이를 위해 환상성을 입히며 대표적으로 잔혹함을 동원한다는 것이다. 특히 동양과 달리 서양의 아동문학은 잔혹한 행위가 벌을 받지 않는데, 이는 단순히 도덕적인 교훈을 전파하는 것보다는 삶의 다양성을 이해시키는 데 목적이 있기 때문이다.

* 참고자료=고광수 '전래동화에 나타나는 잔혹성의 의미와 효과' 『고전문학과 교육』 제3집

(《주간경향》, 2015. 5. 20)

제3부
'잔혹 동시'를 생각하다

장정일, 강남순, 이택광, 양선희
정의석, 문소영, 홍진수, 권혁웅
강경희, 강수돌, 박경효, 최동호
송경애

'잔혹 동시'를 생각하다

장 정 일 소설가

이순영 어린이의 동시집 『솔로 강아지』(가문비, 2015)를 놓고 쫗고 까부는 대부분은 신문과 인터넷에 올라온 「학원 가기 싫은 날」 한 편을 보았거나, 덤으로 두어 편을 더 본 게 고작이다. 사정은 나도 같다. 여러 기사와 칼럼을 취합해본 결과, '잔혹 동시'라는 딱지를 붙일 수 있는 작품은 저 한 편이 유일하다. 그러나 내가 정작 끔찍하게 생각했던 것은 시가 아니라, 영어 조기교육에 부응하여 초등학교 저학년생이 읽는 동시집에 영어 번역을 나란히 실어놓은 극성이다. 엄마도 시인이라면서….

애거서 크리스티의 『애거서 크리스티 자서전』(황금가지, 2015)에는 그녀가 열한 살 때 쓴 시가 나온다. "블루벨이 되어 푸른 옷을 입고 싶어 했던/ 어여쁜 꽃, 자그마한 양취란화를 안다네." 블루벨은 종 모양으로 생긴 파란색 꽃이고, 노란 구륜 앵초라는 또 다른 이름이 있는 양취란화는 노란 꽃잎 아홉 개를 가진 작고 화사한 꽃이다.

아직 어렸던 크리스티는 노란 꽃은 파란 꽃이 되고 싶어 하고, 파란 꽃은 노란 꽃이 되고 싶어 한다고 생각한 듯하다. 어른들은 이런 발상을 가리켜 '어린애다운 것(동심)'이라고 하는 모양인데, 그렇다면 중국집에서 내 앞의 자장면(짬뽕)보다 다른 사람이 시킨 짬뽕(자장면)에 군침을 흘리는 어른들은 다 뭘까? 아이가 아픈 것은 어른도 아프고, 어른이 슬픈 것은 아이도 슬프다. 아이는 자꾸 학원에 가라는 엄마를 '씹어 먹고' 싶고, 어른은 진상 노릇하는 직장 상사를 '갈아 마시고' 싶다.

근대에 성립된 국민교육 제도는 개개인의 능력은 물론 각자의 재능이나 선호를 헤아리지 않는다. 학교란 균질한 교과과정을 통해 국민국가에 필요한 인력을 대량생산하는 제도로, 균질한 교과과정은 지식에 그치지 않고 감정 표현마저 나이(학년)에 맞게 강제한다. 이처럼 납작납작한 균질화 속에서는 아무도 '튀면' 안 된다. 그 결과 학교는 천재·둔재(늦깎이)·괴짜·외톨이, 어느 것도 허용하지 않는 반反교육이 되어버렸다.

'내 아이를 저 시로부터 지켜야겠다'는 사명감을 띠고서 출판사와 어린이의 부모에게 위력을 행사했던 학부모들은 위선적이다. 내 아이를 지켜야 할 데는 저 동시가 아니라, 온갖 학원을 전전해야만 경쟁에서 뒤처지지 않는 '잔혹 교육' 현장으로부터다. 하지만 이들은 '아이를 학원으로부터 구하는 어머니 모임'을 만들기는커녕, 내 두 눈을 가리면 괴수도 사라진다고 믿는 지극히 유아론적인 방도를 택했다. 『솔로 강아지』를 폐기 처분하게 함으로써 잔혹 교육 현장을 지워버린 위선자들은 최소한 미래의 '특례 입학' 자리 하나를 빼앗음으로써 자기 아이를 지켰다. 더욱 참담한 것은 문제의 시가 나오게 된 원인을 뻔히 알면서도 쥐 죽은 듯 찍소리도 내지 않았던 교육부다. 제대로 된 정부라면 학원에 혹사당하는 초등학생을 위한 특단의 해결책을 내놓겠답시고 없는 부산이라도 떨어야 했지만, 과연 유체이탈 대통령에 유체이탈 부처였다.

옛날 동화는 동서양 할 것 없이 「학원 가기 싫은 날」과 비교할 수 없게 잔혹했다는 논리로 문제의 시를 변호하는 이도 있다. 옛날 아이들은 저 동시보다 더 흉포한 동화와 동시를 접하며 자랐지만 제재를 받지 않았고, 그렇다고 해서 부작용이 생기지도 않았다는 것이다. 이 대목에 이르러 아동문학 이론서를 한 번쯤 들춰봐야 한다. 어떤 사안에서든 전문가의 말이 축적되지 않고, 유명인만 마이크를 잡고 떠드는 사회는 영영 토대를 구축할 수 없다.

최기숙의 『어린이 이야기, 그 거세된 꿈』(책세상, 2001)을 보면, 동화를 동화답게 하는 원초적 특징은 구전口傳이다. 전래 동화든 창작 동화든 동화는 할아버지·할머니, 또는 어머니가 아이를 품에 안거나 무릎에 앉힌 채 입으로 들려주는 것이 기본이다. 화자(어른)와 청자(아이) 사이에 신뢰와 교감이 일어나는 과거의 동화 구전은, 아이에게 책만 달랑 던져주고 혼자 독해하기를 강요하는 오늘날의 아동 독서 환경과 비교될 수 없다.

할아버지 품에 안겨 「학원 가기 싫은 날」의 조선 시대 버전인 '서당 가기 싫은 날'을 듣는 그 시대의 아이를 한번 상상해보자. 그 아이는 세 가지 교훈을 가슴에 새기게 된다. 첫째, 엄마를 죽이고 나면 울며 후회하게 된다. 둘째, 그러므로 내가 싫어하는 것을 시키더라도 부모 말을 잘 따르자. 셋째, 정승 판서가 되려면 서당을 열심히 다녀야 한다. 패륜이니 사이코패스니 하는 지탄을 받은 잔혹 동시를 교훈시로 둔갑시키는 으뜸가는 비결은 화자의 어조다. 할아버지는 아이가 엄마의 신체를 하나씩 떼어 먹는 장면에서 참으로 구슬프게 말할 것이며 아예 울음소리까지 낸다. 또 이야기 도중에 이루어지는 청자의 질문("엄마는 왜 자꾸 가기 싫은 서당엘 가래?")에 화자는 놓칠세라 교훈("커서 영의정 되라고 그러지")을 첨가한다. 구전과 책의 차이를 무시하고, 옛날 동화를 방패삼아 문제의 동시를 변호하는 것은 당찮은 일이다. 책으로 출간되는 현대의 숱한 아동문학이 구전으로 살아나기 위해서는 부모가 아이와 함께 있을 시간이 확보되어야 한다.

문학평론가 김주연이 매우 주목할 만하다고 상찬했던 최기숙의 책은, 동화란 원래 어린이의 꿈이나 목소리를 드러내는 것이 아니라 어른의 욕망과 가치를 나타내는 것이라고 말한다. 그것을 상징적으로 보여주는 것이 아기장수 설화다. 설화 속의 아기는 가족과 국가의 기반을 위협하기 때문에 도태되어야 한다. 지은이는 아동문학 자체가 어린이의 꿈을 거세하는 집단적·이데올로기적 검열의 형태이면서, 본래의 꿈을 잃고 현실에 순응해 버린 성인들의 자해自害이자 자기 분신(어린이)에 대한 공갈이라고 말한다.

이순영 어린이의 동시 가운데는 엄마에 대한 적개심과 두려움이 투영된 시가 여럿 있다. "친구들과 내기를 했어/ 세상에서 가장 무서운 것 말하기/ 티라노사우루스/ 지네/ 귀신, 천둥, 주사/ 내가 뭐라고 말했냐면 엄마/ 그러자 모두들 다 같이/ 우리 엄마 우리 엄마/ 엄마라는 말이 왜 이렇게 되었을까?"(「세상에서 가장 무서운 것」) 전통 사회의 양육 모형은 아버지가 엄한 역할을 맡고 어머니가 다독이는 엄부자모嚴父慈母다. 그런데 아버지를 직장에 빼앗긴 현대사회에서는 어머니가 양육의 모든 것을 도맡으면서 엄부의 역할마저 떠맡게 된다. 이런 양육 구조 속에서 아이는 가끔씩 나타나 사랑을 듬뿍 안겨주고 황망히 떠나는 아버지를 자애롭게 여기는 한편, 온종일 자신의 일거수일투족을 관리하고 감시하는 억척스러운 어머니를 미워하게 된다.

(《시사IN》 2015. 6. 17)

[칼럼] 통제와 규율 사회의 위험성: '잔혹 동시' 논란을 보며

강 남 순 미국 텍사스크리스천대 브라이트신학대학원 교수

　한 초등학생이 쓴 「학원 가기 싫은 날」이라는 제목의 시가, '잔혹 동시'라는 라벨이 붙여진 채 한국사회의 검열에 걸렸고, 그 시를 담은 시집을 출판한 출판사는 쏟아지는 비판을 견디다 못해 시집을 전부 수거하여 폐기하겠다는 결정을 내렸다.

　1. 나는 우선 이 '잔혹 동시'라는 라벨을 누가 어떠한 근거에서 붙였는지 모르지만, 이러한 라벨 붙이는 자체가 매우 폭력적인 그리고 식민적인 행위라고 본다. '폭력적'인 이유는 그 시를 쓴 아이에게 '너는 잔혹하고 비정상이야'라는 정죄적 판단을 이미 돌이킬 수 없는 사실로 '자연화'함으로서 그 아이에게 치명적인 정신적·사회적 상처를 주고 있기 때문이다.
　외면적인 물리적 폭력에 의한 상처처럼 피가 나지 않았지만,

그 보다 더 훨씬 깊은 중증의 상처를 입힌 것이다. 그것도 한 두 사람에 의해서가 아니라, 한국 사회 '전체'의 이름으로 그 한 아이의 내면세계와 외면세계에 깊은 상처를 주었다. 동시에 그러한 '잔혹 동시'라는 라벨은 이 땅에 '시적 상상력'으로 자신들이 겪고 있는 그 '비정상적'인 삶을 넘어가고 싶어하는, 자신들만의 내적 세계를 꾸며감으로서 숨 쉴 공간을 가까스로 만들어내고 있을, 무수한 다른 아이들에게도 그 '시적 상상력'이 어른들과 사회의 '검증'에 통과되어야만 한다는 강력한 '폭력적 메시지'를 주는 것이다.

2. 누가 '정상-비정상'을 규정하며, 어떠한 기준으로 그러한 '틀'들이 형성되는가. 어른들의 눈에 '비정상'인 아이들이 숨쉴 곳은 어디인가. 한국의 아이들은 어렸을 때부터 사적 공간과 공적 공간에서 어른들이 만들어낸 매우 '잔혹한' 교육제도와 갖가지 통제와 규율속에서 버티고 살아가고 있다. 만약 아이들을 갖가지 규율로 통제하는 것의 세계적 순위를 매기는 것이 있다면, 아마 한국은 첫 번째 그룹에 들어갈 것이다.

지독한 '비정상적' 세계 속에서 살아가면서 '너무 아프다'고 시로서 표현하는 아이. '잔혹하고 비정상적인 세계'를 만들어낸 어른들이, 그 속에서 고통당하는 아이에게 '비정상'이고 '잔혹'하다고 한다. 한국에 있는 갖가지 종류의 무수한 학원들의 존재를, 그리고 아이들이 공교육을 받는 학교가 끝난 후에 이런 저런 학원이라는 또 다른 규율의 공간들에서 공부해야 하는 그 통제적 삶의 방식을 한국 사회 밖에 있는 사람들에게는 도대체 설명할 방도가 없다.

3. 나는 내 주변의 여러 아이들이 학교를 '감옥'으로 느끼며 감옥으로 그림을 그리는 것을 보았다. 내가 아는 한 아이는 '우리 학교'라는 주제를 가지고 그림 그리는 시간에, 도화지 전체에 창살이 있고, 그 창살안에 아이들이 그림자처럼 들어가 있는 그림을 그렸다.

제출한 그림을 본 담임 선생님은 그 아이를 학교가 끝나고도 남으라고 했고, 그 아이에게 '우리 학교'라는 그림을 다시 그리라고 명령했다. 왜냐하면 '우리 학교'를 그렇게 감옥처럼 그리는 것은 '비정상적'이고 '못된' 생각이니까. 방과후에도 학교에 남아야 했던 그 아이는 빨리 집에 가고 싶어서 선생이 원하는 대로 '예쁜 그림'을 다시 그려 제출하고 집에 늦게 돌아와야 했다.

그 다음부터 그 아이에게 무슨 일이 있었을까. 그 아이는 미술 시간에는 늘 '예쁘게,' 그리고 매일 검열받는 일기장에는 '착한' 말만 써서 담임 선생님에게 '잘했어요' 도장을 받기 시작했다. 그러면서 그 아이는 겉으로 드러내는 '보이는 자기'와, 속으로 자신만이 느끼는 '안 보이는 자기' 사이의 거리가 점점 커지며, 마음 속 깊이 절망의 무게를 견디어 내야 했다.

'예쁜 그림'과 '아름답기만한 글'을 써야만 '착한 아이'라고 칭찬해주지만 그러한 어른들이 만든 규율에 조금이라도 벗어나면 '못되고 잔혹한 비정상적 아이'라고 꾸지람하는 사회 속에서, 사실상 깊숙히 멍들어가는 무수한 아이들의 삶을 누가, 어떻게 책임질 것인가.

4. 시란 언제나 '사실적 세계 너머의 세계'를 그린다. 시를 단순한 '사실'로 읽고 해석하는 것처럼 시를 왜곡하는 것은 없다. 그것은 마치 '추상화'를 '정물화'로 착각하면서 엉뚱한 해석과 논의를 하는 것과 같다. 시의 저자가 '아이'라고 해서 '모든 어른'들이 그들의 시적 세계를 완전히 파악할 수 있다고 생각하는 것은 커다란 오류이다. 또한 시를 마치 '분명한 사실'을 확보한 것처럼 '통제'하고 '잔혹'이라는 '비정상의 표지'를 붙이는 것은 '아이들에 대한 어른들의 식민화'이다.

어른들의 마음을 심히 불편하게 한, 또는 다른 아이들이 읽고서 '나쁜 영향'을 받을 수 있다고 생각되는 '잔혹 동시' 한 편이 들어가 있다며 이미 출판된 책을 전량회수하겠다고 결정한 것은 한국사회가 얼마나 강력한 통제와 규율 사회인지, 그리고 '어른들'은 아이 보호·사랑의 이름으로 얼마나 아이들을 식민화하는지, 적나라하게 드러낸 사건이다.

'아이'는 '어른'과 마찬가지로 다층적 욕구와 상충적 성향들을 모두 지니고 있는 '인간'이다. 어른들이 낭만화되고 단순화된 '아이'에 대한 표상을 절대화하면서, 정작 그 아이들도 어른들과 마찬가지로 그 모습 '전체'가 존중받아야 할 엄연한 한 '인간'임을 외면하고 있다.

그러는 사이 그들의 '인간으로서의 권리', 즉 인권도 처절히 외면되고 있다. 인권의 사각지대에서 그 아이들의 인간으로서의 최소한의 권리는 그 부재조차 느낄 수 없을 정도로 감지되지 못하고 있다.

5. 나는 개인적으로 여타의 시에 '사실적 그림'을 곁들이는 것을 별로 바람직하지 않다고 본다. 이 「학원 가기 싫은 날」을 담은 시집에 대하여 내가 갖는 가장 커다란 아쉬움이다.

「학원 가기 싫은 날」이라는 시에 적나라한 사실적 그림을 덧붙인 것은, 아이들이 쓴 시라고 해서 하나의 그림으로 표현되는 '단순성'과 '사실성'만이 담겨 있을 것이라고 보는 '어른'들의 다른 종류의 '계도성 시도'라고 본다. 그 시에 아무리 '사실적 표현'이 담겨 있다고 해도, 한 편의 시가 담고 있는 세계를 이해하기 위하여는, '추상화'를 볼 때 요구되는 '다층적 상상력'이 요구된다.

왜냐하면 '시'란 언제나 한 편의 추상화처럼 끊임없이 '사실적 세계-너머의 세계'를 가리키는 것 아닌가. 그렇기에 그 누구도 한 편의 '시'의 의미에 대하여 '완전히 파악'했다고 주장할 수 있는 이는 없다. 하다 못해 그 시의 '저자' 자신도.

6. 시인이 아이이든 어른이든, 시인들의 '시적 상상의 세계', '사실 너머의 세계'를 '사실적 규율과 기준'으로 검열하고 통제하는 사회―그 사회는 인간이 척박한 삶 한 가운데에서도 시와 예술을 통해 창출해내온 풍성하고 소중한 인간의 내면세계를 함부로 짓밟는 폭력적 사회로 전이하게 되기에 이 '잔혹 동시 사건'은 매우 위험하다.

이제 감수성이 예민한 무수한 아이들은 어른들의 통제와 규율의 잣대로 '착하고 정상적인 아이'를 연출하기 위해 자신의 내적 감정과 경험들을 애써 외면하고, 상상의 세계를 차단하면서 '예쁜 그림'과 '착한 시'를 만들어내는 삶을 연습하든가, 아니면 그 숨막힘을 견디지 못해 스스로에게 상처를 주는 삶을 살아가야 할 것이다.

▣ 이 칼럼은 강남순 교수가 자신의 페이스북에 올린 것을 저자의 동의를 얻어 다시 실은 것입니다. 이 글은 CBS 노컷뉴스의 편집 방향과 다를 수도 있습니다

[이택광의 왜?] '잔혹 동시'가 환기시킨 것

이 택 광 교수 · 문화평론가

"죽는 것은 정말 짜릿한 모험일 거야"라고 피터 팬은 말한다. 영국의 극작가 제임스 배리가 쓴 유명한 동화 『피터 팬』의 주인공을 모르는 사람은 없을 것이다. 죽음을 모험에 빗대어 말하는 '어린이' 피터 팬의 진실은 우리에게 그렇게 친숙하지 않다.

아무리 악당이라고 해도 사람의 팔을 잘라서 악어에게 던져준 것이나 후크를 사지로 몰아넣을 때 낄낄거리면서 사악한 미소를 짓는 것이나 동화에서 그려지는 피터 팬의 이미지가 천사 같아야 할 동심에 부합한다고 쉽게 말하기는 어렵다. 원작을 윤색해서 만든 디즈니 애니메이션에서도 피터 팬은 결코 순진무구한 '어린이'로 등장하지 않는다. 행복하게 살고 있던 세상 물정 모르는 웬디와 동생들을 꾀어내 가출하게 만든 장본인이기도 하다. 진실을 알고 나면 절대 환영할 수 없는 존재가 바로 피터 팬이다. 그러나 이런 피터 팬이야말로 어른이 만들어낸 인물 중에서도 가장 '어린이'의 심리를 잘 표현했다고 평가받고 있는 것은 왜일까.

피터 팬은 순수한 동심을 표현하는 인물이라기보다 '어린이'라는 말로 담을 수 없는 어두운 내면을 드러내는 인물에 가깝기 때문이다. 어른의 시각으로 이해하는 '어린이'가 전부일 수 없다는 사실을 보여준다는 점에서 피터 팬은 동심의 진실을 엿보게 만들어주는 것이다. 그러나 말 그대로 어른은 이 진실을 엿보고 싶을 뿐, 있는 그대로 드러나는 것을 원하지 않을지도 모른다. 나의 추측에 힘을 실어주는 일이 일어나고 있는데, 이른바 '잔혹 동시' 논란이 그것이다.

언론에 소개된 동시들을 두고 10살 '어린이'가 썼다는 것이 믿기지 않는다는 반응에서 부모의 학대 혐의까지 온갖 추측들이 난무했고, 급기야 부모가 직접 나서서 출간 배경을 설명하기에 이르렀다. 긍정적인 의견도 있었지만, 부정적인 의견은 '엄마를 씹어 먹는다'는 발상 자체가 '불쾌하다'는 성토에 가까웠다. 심지어 글쓴이의 '반사회성'을 거론하면서 '심리 치료'를 받아야 한다는 인신공격성 발언까지 등장했다. 이런 반응들은 무엇을 말해주는 걸까. 언제부터인가 우리 사회를 강력하게 지배하기 시작한 '정상성'의 규범을 여기에서 어렵지 않게 다시 확인할 수 있다는 생각이다. 이런 '정상성'의 규범은 정상과 비정상을 분리해서 후자를 배제하는 것을 자연스러운 것으로 받아들이게 만든다. 그러나 실제로 이 과정은 과거에 인지되지 않았던 비정상적인 것을 규정함으로써 역으로 정상적인 것을 만들어내는 것에 지나지 않기에, 비정상적인 것을 제거해버린다고 정상화가 자동으로 달성되는 것은 아니다. 만일 그랬다면 인류 역사에서 정상성이라는 말 자체가 불필요해졌을 것이다. 정상과 비정상은 결코 분리될 수 없고, 어떻게 보면 서로 공존하는 관계를 이룬다. 현실은 이렇듯 비정상성의 오염으로부터 정상성을 지켜냄으로써 유지되는 곳이 아니라, 다채로운 사물들이 서로 공존하는 세계이다.

'잔혹 동시'라는 용어에서 잘 드러나듯이, 정상적인 상상을 벗어난 10살 '어린이'의 시는 이미 '잔혹한 것'으로 단정되어 버린다. 공존하는 다양성을 인정하지 않고 오직 정상과 비정상이라는 이분법에 근거해서 바라본다면, 우리의 판단은 쾌와 불쾌만을 왔다갔다할 수밖에 없다. 문제는 특정한 사물을 쾌와 불쾌 둘 중 하나로 결정하게 만드는 '정상성'의 규범이다. 과연 이 규범은 특정 사회의 권력이나 계급으로부터 자유로울 수 있을까. 아니 역설적으로 이 규범이야말로 특정 권력과 계급의 산물이 아닐까. '어린이'를 있는 그대로 받아들이는 것이 아니라, 어른의 '정상성'이라는 규범으로 재단해서 '보호해야 할 존재'로만 바라보려는 태도가 이번 '잔혹 동시' 논란에서 노골적으로 드러났다. 최소한 이번 사태에서 확인할 수 있는 불편한 진실은 어른들이 여전히 '어린이'를 동등한 존재로 생각하지 않는다는 사실이다. 딸의 시를 읽고 그토록 싫어하는 학원에 보내지 않았다는 부모의 결단은 분명 훌륭한 행동이었다. 이런 행동이 사적인 차원에 머물지 않고 출판이라는 공적인 차원으로 이행하자 뜻하지 않은 결과를 초래했다. 훌륭하다고 생각했던 행동이 비난을 받게 된 것이다.

갑자기 상황은 시를 쓴 '어린이'와 부모의 범위를 넘어서서 이제 사회적인 문제를 제기하는 단계로 넘어온 것이다. 피터 팬에 감춰져 있는 '잔인성'을 허용해왔던 우리 사회가 '잔혹 동시'에 유독 민감한 까닭은 의미심장하다. 전자가 어른을 통해 '어린이'에게 주어진 것이라면, 후자는 '어린이'를 통해 어른에게 주어진 것이다. '순수한 동심'을 상상하는 어른에게 '잔혹 동시'는 그런 것이 존재할 수 없음을 환기시켜준다. 이 외설적인 진실을 우리 정상적인 어른들은 도저히 참을 수 없는 모양이다.

(《경향신문》 2015. 5. 8)

[분수대] '잔혹 동시'

양 선 희 논설위원

돌아보면 나의 어린 시절은 그렇게 사랑스럽지 않았다. 격렬한 사춘기가 일찍 찾아온 '원조 중2병 환자'였다. 겉으로는 모범생이었고, 문제가정도 폭력부모도 전혀 아니었지만 내상은 심했다. 멀쩡한 '부모의 부재 혹은 죽음'을 모티브로 시를 써서 상을 받기도 했다. 조숙하고 불안한 나를 각별히 배려하는 담임에게도 죽어라 싫은 티를 냈다. '어른'이란 불가해한 세상 앞에서, 한편으론 빨리 어른이 되고 싶고, 다른 한편으론 어른들이 끔찍했던 것 같다.

최근 '잔혹 동시' 파문에 휘말린 「학원 가기 싫은 날」을 읽는다. 10살짜리 초등학생 소녀가 쓴 동시집 『솔로 강아지』에 실린 시다. "학원에 가고 싶지 않을 땐/ 이렇게// 엄마를 씹어 먹어/ 삶아 먹고 구워 먹어~/ 이빨을 다 뽑아버려". 입가에 피 묻은 소녀의 모습이 삽화로 그려져 있다. 인터넷을 발칵 뒤집어놓을 만큼 충분히 충격적이다. 섬찟하다. 제 정신인가 싶기도 하다. 출판사는 동시집을 전량 회수 폐기키로 했다.

하지만 30년도 더 지난 내 어린 시절을 떠올려 보니, 이 시를 쓴 소녀의 마음이 궁금해졌다. 시인이기도 한, 소녀의 어머니는 한 인터뷰에서 "처음에는 화가 났지만 나중엔 아이가 얼마나 학원 가기 싫었으면 그랬을까 미안했다"고 했다. 요즘 유행하는 '엽기호러 코드'의 시라고도 했다.

내친김에 다른 시들을 읽어본다. 패륜이니 사이코패스니 하는 누리꾼들의 질타가 무색하게 너무나 잘 쓴 시다. "눈 밑으로 눈물이 흘러 생긴 삼각형/ 얼굴은 역삼각형// 눈물과 얼굴이 만나/ 삼각형이 되어버린 표범"(「표범」), "강아지가 바닥에 납작하게 엎드려 있다/ 외로움이 납작하다"(「솔로 강아지」), "상처딱지가 떨어진 자리/ 피가 맺힌다…모든 시에서는 피 냄새가 난다"(「내가 시를 잘 쓰는 이유」) 등이다.

시인이자 음악가인 성기완은 "랭보가 열여섯에 「술 취한 배」를 썼는데 우리 같으면 너 술 먹었지, 알코올 중독 검사 받아보자 했을 것"이라며 "재능이 사이코패스로 매도돼 안타깝다"고 썼다. "우리가 아는 뻔한 동시가 아니"라는 평론가 진중권의 말은 더욱 본질적이다. "어린이는 천사 같은 마음을 갖고 있다고 믿는 어른들의 심성에는 심하게 거슬릴 것"이라고 했다. '순수한 동심'이라는 어른들의 판타지를 깬 것이 이번 '잔혹 동시' 논란의 핵심이란 얘기다. 그는 "어린이는 천진난만하지 않다. 내가 해봐서 아는데 더럽고 치사하고 때로는 잔인하기까지 하다"고 했다. 부끄럽지만 나도 해봐서 안다.

(《중앙일보》2015. 5. 9)

[분수대] '잔혹 엄마'

양 선 희 논설위원

2013년 「화이-괴물을 삼킨 아이」는 '부친살해' 모티프의 영화였다. 범죄 집단에 유괴돼 5명의 범죄자 아버지 손에 길러진 소년(여진구)이 그들의 정체를 알게 된 후 처단하는 얘기다. "괴물을 보지 않으려면 괴물이 되어야 한다", "아버지가 괴물이면 너도 괴물이어야지" 같은 대표 아버지(김윤석)의 대사가 기억에 남는다. 말하자면 '괴물 아버지'가 이룩한 괴물 같은 세상에 총구를 겨눈 영화였다.

개봉 중인 영화 「차이나타운」은 「화이」의 여성버전이라 할 만하다. 갱스터 누아르로, 조직 보스가 남자 아닌 여자(김혜수)다. 잔혹한 범죄를 일삼는 김혜수는 조직원들에게 '엄마'라고 불리며 유사가족과도 같은 범죄 패밀리를 이끈다. 엄마는 조직원들에게 늘 "쓸모 있음을 증명하라"고 한다. 이들에게 쓸모 없는 것, 밥값 못하는 것은 곧 용도폐기, 죽음이다.

고아 출신에 수양딸 격인 부하(김고은)가 보스인 '엄마'의 뜻을 거스르고 나서면서 피비린내 나는 살육극이 시작된다. 영화의 엔딩은, 조직의 남자들이 전부 죽고 홀로 살아남은 김고은이 엄마의 자리에 앉아 있는 것이다. 김혜수 역시 자기 엄마를 죽인 것으로 설정돼 있으니 대를 이은 '모친살해' 모티프의 영화인 셈이다. '화이'의 아들이 아버지와 아버지를 사주한 권력자들을 죽이고 어디론가 떠났다면, '차이나타운'의 딸은 어머니의 자리를 물려받는 것으로 끝난다.

사실 '차이나타운'의 엄마는 그간 충무로에 없던 엄마다. 희생하는 전통적인 엄마가 아닐 뿐 아니라 봉준호 감독의 '마더'에서처럼 오직 자식을 살리기 위해 끔찍한 악행을 저지르는 엄마도 아니다. 여기서 엄마는 껍데기만 여자일 뿐 기존의 아버지로 상징돼온, 괴물 같은 기성 시스템의 수호자와 동의어다. 최유준 전남대 HK교수의 말을 빌리면 이제 "부친 살해는 모친 살해로, 우리 사회의 오이디푸스는 성전환"한 셈이다.

이 영화를 보는 내내 최근 논란이 된 '잔혹 동시'가 다시 떠올랐다. 10살 소녀가 "학원에 가고 싶지 않을 땐…엄마를 씹어 먹어"라고 써서 세상을 발칵 뒤집었다. 학원으로 등 떠밀며 공부를 강요하는 가혹한 엄마들에 대한 적개심, 아니 무의식적 살의가 담긴 섬찟한 시적 표현이다. 도대체 언제부터 엄마와 잔혹이 이처럼 쌍으로 잘 묶이는 단어가 된 것일까. 참된 모성이란 괴물 같은 시스템에서 낙오하는 자들을 끌어안는 것 아니었나. '차이나

타운'에서 그리고 '잔혹 동시'에서 어머니란 이름의 또 다른 괴물을 본다. '잔혹한 동심'보다 '잔혹한 엄마'가 더 문제다.

(《중앙일보》 2015. 5. 16)

잔혹 동시 그리고…잔혹 교육, 잔혹 사회

정 의 석 미래학습상담센터 소장 · 인문지행 교수

표현이 잔혹한가, 현실이 잔혹한가?

최근 초등학교 학생이 쓴 동시로 시끄럽다. 결국 해당 출판사와 학부모는 동시가 포함된 시집을 전량 폐기하기로 수용했다. 짧은 시간 동안 이루어진 섣부른 비난과 그에 따른 순응적인 결정의 속도로 인해 그 문제에 대해 충분한 숙고를 할 만한 여유도 주지 않은 채 다른 사회적 이슈에 묻혀 사라져 버린 점이 안타깝다. 왜냐하면 이번 잔혹 동시 사건은 우리 사회의 교육문제의 핵심을 살펴볼 수 있는 기회였으며, 우리 사회의 문화적 수용성을 가늠할 수 있는 잣대였기 때문이다.

이번 잔혹 동시에 대한 비난을 정리하면 대체로 다음 두 가지이다. 첫째, 아동이 어떻게 그토록 공격적일 수 있는가? 둘째, 어떻게 자녀가 존속폭력 혹은 존속살인에 대한 생각을 할 수 있는

가라는 점이다. 그렇다면 하나의 문학작품이자 사회문제에 대한 비판을 폐기할 만큼 그 내용은 사회적으로 수용 불가능한 것인가에 대해 살펴보자.

첫째 사람들은 10세의 여아가 어머니를 죽이는 상상을 할 수 있는가에 대해 놀라워했다. 그렇다면 인간의 공격성은 언제부터 시작되는가? 그리고 10세 여아의 공격성은 어느 정도여야 하는가?

프로이트가 친구의 아들인 꼬마 한스를 정신분석하였다. 꼬마 한스는 5살 남자아이로 어머니에게 사랑을 느끼고 대신 아버지를 질투의 대상으로 여기고 있는 상태였다. 그는 아버지가 "너는 아버지가 쓰려졌으면 좋겠지?"라고 묻자, "응, 아빠가 맨발로 뛰어가다가 돌부리에 부딪쳐서 피를 흘렸으면 좋겠어. 그러면 내가 엄마하고 단 둘이서 잠깐이라도 있을 수 있을 테니까"라고 답한다. 프로이트 이후의 정신분석 계열의 연구자들은 인간의 공격성이 프로이트가 서술한 연령보다 훨씬 이전에, 인간의 탄생과 더불어 시작한다고 본다. 인간이 자신을 둘러싼 비우호적 환경, 자신의 생명을 위협하는 환경에 적절히 대응하기 위해 발달시켜온 감정과 행동이 공격성이다. 즉 모든 생명체의 기반에 공격성이 있다.

'아동에게 공격성 없다'는 관념의 덫

아동에게 공격성이 있을 수 없다는 고정관념은 역설적으로 도덕과 규율이라는 이름아래 아동에게 폭력을 행사할 가능성을 준다. 예를 들어 초등학교 교실에서 일어난 친구끼리 다툼에 대해 그것은 일어날 수 없는 일이며, 반성을 통해서 제거되어야 한다고 보고 대응한다면, 그것은 단지 일시적으로 아동의 폭력성을 억압한 것일 뿐 나중에 더 큰 폭력성이 되어 나타날 뿐이다. 오히려 그러한 다툼이 일어날 수 있음을 인정하고, 그것이 왜 일어났는지 아동들의 이야기를 차분히 들어주는 것이 더 나을 것이다. 역설적으로 아동의 폭력성을 혹은 인간의 폭력성을 본성으로 인정하는 것이, 그리고 그것을 지나치게 악한 것으로 보지 않는 것이 폭력성을 적절히 통제할 수 있는 방법이 된다.

둘째 사람들은 존속폭력과 존속살인을 암시하는 내용에 분노했다. 개인과 개인 사이의 폭력과 살인은 분명 비도덕적이며, 하물며 부모와 자녀 사이의 폭력과 살인은 더욱 그러하다. 하지만 역사적으로 그러한 일은 비일비재했고, 어떤 경우에는 그 상황과 맥락에 따라 그 행동이 정상참작이 되는 경우도 있었다. 즉, 사건 그 자체에 대한 평가는 비도덕적임에 동의하지만, 그 사건이 발생한 원인에 대해 이해해야 하며, 그러한 이해가 평가에 반영되어야 사건에 대한 대응에 도움이 된다는 점에서 사람들의 태도는 달라진다.

존속폭력은 대체로 부모와 자녀의 대립이 첨예화되고, 서로의 의사소통이 막다른 길에 다다랐을 때 나타나는 현상이다. 사실 상담소에서 이러한 일은 빈번히 관찰된다. 그리고 대체로 자녀의 기질적 문제로 부모에게 아무런 잘못이 없음에도 불구하고 폭력이 일어나는 경우는 상대적으로 적다.

　한 고등학생이었다. 상담실에 들어오는 그의 눈빛은 마치 범죄자 같았다. 그는 곧 누군가를 헤칠 만큼 강한 적의를 온몸으로 발산하고 있었다. 부모의 요구는 자녀가 학교를 그만두려고 하는데 학교생활을 다시 잘 할 수 있도록 해달라는 것이었다. 자녀와 잠시 상담을 했다. 그는 아버지의 못다 이룬 꿈을 실현시킬 대체물이었으며, 초등학교 시절부터 학업에 매달렸다. 중학교 시절까지 시험성적이 떨어지면 야구배트, 골프채 등으로 맞곤 했다. 현재 자신이 다니는 학교도 아버지의 요구에 의해 억지로 다니고 있었다. 그는 그 학교에 적응하지 못하고 있었다. 그는 오전 등교시간부터 야간 자율학습까지 아버지와 공부를 못하는 학생들을 무시하는 교사들을 죽이는 상상으로 시간을 보냈다. 그의 공책에는 아버지와 교사를 죽이는 장면으로 채워져 있었다. 그는 끔찍한 공격성을 보이고 있지만, 고통 받고 있다는 점이 분명했으며, 보호하고 돌봐줘야 할 학생이었다는 점은 의심이 없었다. 그 아버지는 자녀의 고통이 눈에 보이지 않을 만큼 자신의 욕심에 눈이 멀었었다. 결국 아버지가 변해야 한다는 상담자의 충고도 멀리한 채 자녀가 더 열심히 공부할 수 있도록 해줄 다른 상담자를 찾아 떠났다. 그후로 그 부자에 대한 소식을 듣지 못했다.

자신 회피, 어른들의 마녀사냥

또 다른 고등학생의 사례가 있다. 그 학생은 고등학교 입학 전에도 어머니와 사이가 좋지는 않았지만 그런대로 무난히 넘어가곤 했다. 하지만 고등학교 입학 후 자녀의 성적에 대해 어머니가 일일이 간섭하고, 성적이 조금만 떨어져도 인간으로 가치가 없다는 듯이 무시하기 시작했다. 그러한 갈등이 약 삼 개월 정도 지속이 되었을 때 다시 상담소를 방문한 두 사람의 모습은 중학교 때 보았던 모습과는 너무나 달라져 있었다. 자녀는 어머니에게 고래고래 소리를 지르며 왜 자신을 무시하냐며 억울해했다. 어머니의 태도가 놀라웠는데 자녀의 분노의 포효가 들리지 않은 듯 고개를 돌린 채 표정의 변화가 거의 없었다. 마지막에 경멸하는 어머니의 표정이 스치자 자녀는 이성을 잃은 채 자신이 들고 있는 물건을 어머니의 얼굴로 휘두르기 시작했다. 순식간의 일이었다. 그 학생은 지금은 대학교에 입학하여 잘 다니고 있지만, 그때의 상처를 아직도 가지고 있을 것이다. 대체로 자녀들의 폭력은 자신들의 지속적인 요구와 기대가 여러 번 제시되었음에도 불구하고, 그에 대한 반응이 적절히 나타나지 않을 때 마지막에 기대는 수단이다.

현재 대한민국은 학업에 대한 부담감으로 자살하는 학생들에 대한 기사가 식상해 질만큼 이어지고 있다. 연령으로 보면 초등학생에서 대학원생에 이르기까지 다양하다. 지금도 고등학교에서는 야간 10시까지 자율학습을 하고 있으며, 하교 후에는 과제를 마치기 위해, 시험을 준비하기 위해 새벽 두세 시까지 잠을 견디며 공부하고 있다. 그렇게 어렵게 입학한 대학을 졸업한 이후에는 취업이 되지 않는다. 경제가 성장하지만 고용은 없다. 어렵게 취업하더라도 비정규직이 태반이며, 정규직이라도 안정성을 보장할 순 없다. 매일매일 지친 노동에 힘들어 하지만 가계 빚은 늘어만 간다. 며칠 전에도 사업실패로 부산에서 일가족이 자살했다. 힘든 교육과 사회현실을 솔직히 표현한 시가 잔혹한 것이 아니라 그러한 시를 만들어 내는 우리 교육과 사회가 잔혹교육, 잔혹사회가 아닐까? 우리 어른들은 자신의 모습을 직면하기 싫어 어린 아동에게 마녀사냥처럼 모든 죄를 씌우고 있는 것은 아닐까? 이젠 잔혹교육과 잔혹사회에서 벗어나기 위해 노력해야 할 때이다.

(《광주드림》 2015. 5. 18)

잔혹 동시가 남긴 빛과 그림자

문 소 영 코리아중앙데일리 문화부장

"엄마의 심장을 먹는 그 그림, 게재하지 맙시다. 시 전문을 싣는 것도 신중히 합시다. 뉴욕타임스NYT에서 샤를리 에브도 만화가들이 테러에 희생된 기사를 내보냈을 때, 테러를 촉발시킨 무함마드 풍자만화를 싣지 않은 것처럼."

내가 속한 영어신문 코리아중앙데일리에서 '잔혹 동시' 논란에 대한 기사를 낼 때 미국인 수석에디터가 한 말이다.

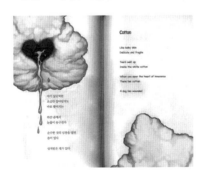

『솔로 강아지』 책 「솜」 부분

NYT는 샤를리 에브도의 공격적인 만평이 이슬람교도에게는 정신적 폭력일 수 있다고 판단해 싣지 않았다. 우리 신문 수석에디터도 초등학생이 쓴 문제의 시 「학원 가기 싫은 날」 역시 일반 독자에게 폭력이 될 수 있다고 판단한 것이다. 하지만 동시에 외국인 에디터들은 이 시가 포함된 시집 『솔로 강아지』에 매력적인 시도 많다는 걸 인정했다(이 시집은 영어번역본을 함께 싣고 있다). 그리고 특히 뛰어나다고 여긴 「솜」, 「내가 시를 잘 쓰는 이유」 전문을 기사에 함께 실었다. 「학원 가기 싫은 날」로만 이 어린 시인을 판단해선 안 된다는 생각에서였다. 그러면서도 에디터들은 대체로 「학원 가기 싫은 날」이 아이들을 대상으로 한 시집에 포함된 게 잘못된 선택이었다는 의견을 보였다. '애들 교육에 좋지 않아서'라기보다 '아이들이 이 시에 상처를 받을 수 있어서'라는 이유였다.

실제로 이 시에 충격을 받았다는 초등학생과 중학생 증언을 여럿 들었다. 선천적으로 피 보는 걸 무서워하는 아이들은 말할 것도 없고 꼭 그렇지 않더라도 심한 거부감을 갖는 아이들이 많았다. 그들이 이 어린 시인보다 순진무구하거나 반대로 유교적 권위주의에 찌들어서 그런 것은 아닐 것이다. 다만 아이들은 폭력이 나쁘다고 배워온 데다, 실제가 아닐지라도 극단적 폭력행위에 대한 상상을 머릿속에서든 지면에서든 텍스트나 이미지로 구체화하는 걸 스스로 제어해왔기 때문에 그게 시로 나타난 모습에 불쾌감과 공포를 느꼈을 것이다. 그런 면에서 이 시는 아이들에게 일종의 정신적 폭력이다.

누군가에게 폭력이 될 수 있다는 것은 표현의 자유라는 빛이 가지는 그림자다. 「학원 가기 싫은 날」은 초등학생이 학원 뺑뺑이를 돌아야하는 한국사회 현실을 재고하게 하는 빛도 있지만, 1차원적으로 뿜어져 나오는 증오와 폭력의 상상이 독자를 고통스럽게 한다는 그림자가 있다. 성인은 빛을 위해 그림자를 버려내야 할지 모른다. 그러나 독자가 아동인 경우는 다른 문제다.

유교적 권위주의와 군사정권의 검열에 오래 억눌려온 한국에서는 표현의 자유가 진보의 지고지순한 가치로 여겨진다. 그러나 표현의 자유 논의가 일찍 발달한 서구에서는 오히려 그 자유가 초래할 수 있는 폭력이 화두가 되는 경우가 많다. 샤를리 에브도 테러는 차별받는 소수자나 타문화권에 대한 표현의 자유가 어디까지 허용되어야 하느냐는 논란을 불러 일으켰다. 동물 사체를 작품에 활용하는 미술가들은 보수적 컬렉터보다 진보적 동물보호 운동가들의 비난을 받는다. 그리고 미성년자가 관련된 사안은 특히 민감하게 다뤄진다. '잔혹 동시' 논란은 '표현의 자유냐 패륜이냐'의 차원이 아니라 '표현의 자유가 폭력을 수반할 때 어디까지 노출을 허용할 것인가'의 차원에서 다뤄져볼 필요가 있다. 다른 문학과 예술도 마찬가지다.

《《중앙선데이》》 2015. 5. 17)

'잔혹 동시' 논란을 보는 어른들의 시선

홍 진 수 경향신문 기자

10살짜리 어린이가 지은 동시집 한 권이 출간 한달여 만에 '절판'됐습니다. 찍어놓은 책이 다 팔렸기 때문이 아닙니다. 해당 출판사가 이 동시집을 모두 회수해 폐기하고 더 이상 출간하지 않기로 결정했기 때문입니다.

이 책은 지난 3월30일 가문비 출판사가 출간한 동시집『솔로강아지』입니다. 가문비 출판사가 내는 '어린이 우수 작품집 시리즈'의 7번째 책입니다. 지금은 이름인「솔로 강아지」보다는 '잔혹 동시'란 별명으로 더 많이 불립니다.

이 책은 출간한지 한 달이 되도록 별 반응이 없다가, 지난 5일 어린이날 갑자기 화제가 됐습니다. 그날《세계일보》가 1면에 '여 초등생이 쓴 잔혹 동시 충격'이라는 제목으로 보도를 한 덕분입니다.

동시집 『솔로 강아지』 표지

　이 보도에서 '타깃'이 된 시는 「학원 가기 싫은 날」 한 편입니다. 해당 시에는 "학원에 가고 싶지 않을 땐/ 이렇게// 엄마를 씹어 먹어/ 삶아 먹고 구워 먹어/ 눈깔을 파먹어/ 이빨을 다 뽑아 버려"라는 구절을 비롯해 잔인한 표현이 다수 등장합니다. 피가 낭자한 상태로 누운 누군가와 함께 입 주변이 피로 물든 채 앉아 있는 여성을 그린 삽화도 있습니다.

　보도 직후 온라인 상에서는 '난리'가 났습니다. '어린이가 엄마를 죽이는 것도 모자라, 먹기까지 한다'는 내용이 큰 충격이었던 모양입니다. 이 시를 쓴 이모 양과 부모, 출판사, 삽화를 그린 그림작가까지 비난의 대상이 됐습니다. 해당 기사에는 '아이를 당장 정신병원에 보내야 한다', '아이가 사이코패스다', '부모가 미친 것 같다' 등의 악성댓글이 줄줄이 달렸습니다.

논란이 확산되자 출판사는 지난 6일 홈페이지에 사과문을 게재했습니다. 시중에 나간 도서도 모두 회수해 폐기하기로 했습니다.

가문비 출판사 김숙분 발행인은 사과문에서 『솔로 강아지』의 일부 내용이 표현 자유의 허용 수위를 넘어섰고 어린이에게 부정적인 영향을 줄 수 있다는 내용의 항의와 질타를 많은 분들로부터 받았다"며 "이를 수용해 시중에 유통되고 있는 도서 전량을 회수하고 갖고 있던 도서도 전량 폐기하기로 했다"고 말했습니다.

이번에는 '작가의 부모'가 반발했습니다. 이 양의 부모들은 책 폐기에 강한 반대 입장을 보이며 7일 서울중앙지방법원에 『솔로 강아지』 회수 및 폐기 금지 가처분 신청을 했습니다. 동시집에 수록된 58편의 시 가운데 한 편의 문제만으로 이를 모두 폐기하는 것은 과하다는 지적입니다.

이 양의 어머니인 시인 김바다 씨(42)는 7일 노컷뉴스와 인터뷰에서 "책을 회수하는 것이 맞다"면서도 "동시 「학원 가기 싫은 날」은 아이들을 숨 쉴 틈 없이 학원으로 내모는 한국의 사회현실에 대한 비판적 우화이다. 작품성과 시적 예술성이 있다"고 말했습니다. 또 "우리 딸은 아주 밝고 씩씩하게 잘 자라고 있다"며 "일부 네티즌이 말하는 패륜아하고는 전혀 거리가 멀다"고 말했습니다.

출판사의 폐기 방침에는 반대 입장을 분명히 밝혔습니다. 김

씨는 "전량 폐기하는 것은 받아들일 수 없다"며 "엄마로서 그리고 시인으로서 딸의 시집이 사라지게 되는 것은 안타깝지만 그보다도 비록 어리지만 작가로서 딸의 자긍심을 지켜주고 싶었다"고 말했습니다.

그러나 결국 부모는 폐기 결정을 받아들였습니다. 이 양의 아버지는 10일 자신의 페이스북에 "솔로 강아지 폐기 금지 가처분 신청을 취하한다"고 밝혔습니다. 그는 "일부 크리스천들이 이건 사탄의 영이 지배하는 책이라고 심한 우려를 표현하고 계신다"며 "크리스천으로 심사숙고한 결과, 더 이상 논란이 확대 재생산되는 것을 원치 않아 전량 폐기를 받아들이기로 했다"고 말했습니다.

『솔로 강아지』는 이제 10살이 된 이 양의 3번째 작품입니다. 이 양은 2살 위 오빠와 함께 2013년 2월에 『동그라미 손잡이 도넛』이라는 동시집을 냈고 같은 해 9월에는 엄마인 김씨까지 참여해 동화 『투명인간 노미』를 출간했습니다.

이 양이 오빠와 함께 출간한 첫 번째 동시집

김씨는 인터뷰 뒤 다시 추가로 노컷뉴스에 보내온 글에서 "한국에서 노벨상이 배출될 수 없는 이유가 뭐라고 생각하느냐. 역사를 살펴보면 김시습같이 어릴 적부터 시를 잘 지은 천재들이 있었고 나라에서는 그들을 인재로 귀하게 키웠다"며 "(아이는) 엽기 호러 공포 소설과 전설의 고향, 여고괴담 같은 무서운 영화를 좋아해 그것을 자신의 시적 전략으로 삼았고 이것은 한국 아동문학사에서 새롭고 현대적인 동시로 조명을 받아야 하는 것"이라고 말했습니다.

이 양도 이런 '어른들의 논란'을 이해하지 못하고 있는 것 같습니다. 이 양은 어머니의 동의를 받아 진행된 《중앙일보》와 전화 통화에서 "어린이들이 어른들보다 더 무서운 생각을 하면 안 되는 건 아니지 않느냐"며 "그런 생각을 할 수도 있고, 시는 시일 뿐인데 진짜라고 받아들인 어른들이 많아 잔인하다고 하는 것 같다"고 말했습니다. 또 시집 전량 폐기에 대해서는 "처음에는 좀 그랬지만 지금은 괜찮다. 앞으로도 계속 시를 쓸지는 잘 모르겠다"고 했습니다. 중앙일보에 따르면 이번에 문제가 된 시 「학원 가기 싫은 날」은 이 양이 꼭 시집에 실어달라고 출판사에 부탁한 작품이라고 합니다.

▶ '잔혹 동시' 논란 10세 소녀 "시는 시일 뿐인데 진짜로 여겨"

이 양은 또 잔혹 동시 논란 이후 억울한 것이 있느냐고 묻자 "파퀴아오가 진짜 복서라고 생각하는데 언론에 메이웨더 팬으로 잘못 나간 게 가장 억울하다. 꼭 좀 고쳐달라"고 했다고 합니다.

이 양의 시가 온라인에서는 비난의 대상이지만, 전문가들은 이를 비난하는 행위를 더 경계하고 있습니다.

문학평론가인 황현산 고려대 명예교수는 7일 자신의 트위터에 "잔혹 동시와 관련해서. 중2 여학생이 뭐든 솔직하게 쓰라는 담임의 말을 믿고 자신의 성적 욕망을 일기에 고백했다. 그후 담임의 특별관리대상이 되었고 학년이 바뀌자 새 담임에게 문제학생으로 인계되었다. 그 여학생은 지금 이름을 말하면 알만한 시인이 되었다"고 썼습니다.

황현산 교수 트위터 갈무리

미국 텍사스크리스천대 브라이트신학대학원 강남순 교수는 8일 노컷뉴스에 기고한 칼럼 「'잔혹 동시' 논란…통제와 규율 사회의 위험성」에서 "나는 우선 이 '잔혹 동시'라는 라벨을 누가 어떠한 근거에서 붙였는지 모르지만, 이러한 라벨 붙이는 자체가 매우 폭력적인 그리고 식민적인 행위라고 본다. '폭력적'인 이유는 그 시를 쓴 아이에게 '너는 잔혹하고 비정상이야' 라는 정죄적 판단을 이미 돌이킬 수 없는 사실로 '자연화'함으로서 그 아이에게 치명적인 정신적 · 사회적 상처를 주고 있기 때문"이라고 썼습니다.

▶'잔혹 동시' 논란…통제와 규율 사회의 위험성

문화평론가 이택광 경희대 교수도 9일자 《경향신문》에 기고한 〈잔혹 동시'가 환기시킨 것〉이란 칼럼에서 "'어린이'를 있는 그

대로 받아들이는 것이 아니라, 어른의 '정상성'이라는 규범으로
재단해서 '보호해야 할 존재'로만 바라보려는 태도가 이번 '잔혹
동시' 논란에서 노골적으로 드러났다. 최소한 이번 사태에서 확
인할 수 있는 불편한 진실은 어른들이 여전히 '어린이'를 동등한
존재로 생각하지 않는다는 사실이다"라고 말했습니다.

▶[이택광의 왜?] '잔혹 동시'가 환기시킨 것

일단 출판사가 시집을 전량 회수해 폐기하기로 했고, 이 양의
부모도 이를 받아들이면서 사건은 일단락됐습니다. 그러나 여전
히 논란은 남아있습니다. '표현의 자유'를 어디까지 용인해야 하
느냐는 논의도 나옵니다.

이 양이 「학원 가기 싫은 날」을 동시집이 아니라 일반 시집이
란 이름으로 출판을 했다면 어떻게 됐을까요. 아무런 논란이 없
었을까요. 물론 이 가정에는 이 양의 시가 동시가 아니라는 전제
가 들어갑니다.

국립국어원 표준국어대사전은 동시를 '주로 어린이를 독자로
예상하고 어린이의 정서를 읊은 시', '어린이가 지은 시'라고 정
의하고 있습니다. 이 양의 시는 동시의 범주에서 벗어난 것일까
요. 독자 여러분은 어떻게 생각하십니까.

(《경향신문》 2015. 5. 11)

[권혁웅의 오목렌즈] 잔혹 동화 이야기

권 혁 웅 시인 · 한양여대 교수

얼마 전 잔혹 동시 소동이 있었다. 한 초등학생의 작품을 두고 동심을 해치는 엽기적인 작품이라는 집중포화가 쏟아졌다. 출판 사가 해당 작품집을 전량 회수, 폐기하는 것으로 소동은 일단락 되었는데, 내가 가진 의문은 이런 거였다. 원래 동화는 잔인한 건 데? 천진난만, 순진무구란 어른의 이데올로기일 뿐이다. 예를 들어보자. 이웃나라 왕비가 된 백설공주를 찾아간 왕비는 빨갛게 달구어진 쇠구두를 신고 죽을 때까지 춤을 추는 벌을 받았다. 신데렐라의 이복언니 둘은 발꿈치와 발가락을 잘라서 신발(원래는 유리구두가 아니라 순금구두다)에 맞추었으나 들켜서 퇴짜를 맞았다. 이복언니와 계모는 왕궁으로 향하는 신데렐라를 구경하다가, 새에게 눈을 쪼여 실명하고 만다. 콩쥐를 구박했던 팥쥐 어머니는 그 벌로, 팥쥐를 죽여서 담근 젓갈을 먹고 미쳐 버린다. 이것은 아이들의 세계가 유계 곧 저승과 맞닿아 있어서 생긴 일이다. 이성과 언어와 논리로 세상을 파악하는 게 어른들이다. 아이들의 세계는 이성과 무의식, 언어와 비논리의 경계에 있다. 동화에서 보이는 판타지적 요소는 바로 이 무의식, 비언어, 비논리의 표현이다. 근자에 공주님과 유체이탈 얘기가 자주 들린다. 전자는 이 나라가 왕정이라는 암시이고 후자는 그 말들이 책임지지 않는 화법이라는 비판이지만 나는 다르게 보고 싶다. 공주님이 주인공인 나라는 동화의 나라다. 또한 동화는 본래 잔인하며 저승과 관련되어 있다.

(《한겨레》 2015. 7. 7)

숨기고픈 금기에 균열을 내다

— '학원 가기 싫은 날'의 논란을 바라보며

강 경 희 문학박사 · 문학평론가

"너도 이제 좋은 때는 다 갔구나. 쯧쯧~" 초등학교 3학년 언니가 갓 초등학교에 입학한 동생에게 하는 말이다. 듣고 있던 가족들은 발칙한 아이의 말에 파안대소했지만 왠지 뒤가 씁쓸하다. 전쟁 같은 입시를 앞둔 학부모 모임에서 엄마들은 농담조로 "가끔은 우리 아들이 내 목을 조를지도 몰라. 아무래도 학원 하나 빼야겠어." 자식 사랑의 결과가 가해와 피해의 상상력으로 전도되는 모순의 에피소드다.

최근 소위 '잔혹 동시'라 불린 「학원 가기 싫은 날」 논란의 핵심은 '위험하고 무서운 동심童心'에 대한 사회적 경악과 분노의 표출이다. "엄마를 씹어 먹고, 삶아 먹고, 구워 먹고, 뽑고, 뜯어 먹어"라는 육체 훼손과 식이성의 상상력이 여과 없이 투영되었기 때문이다. 어른에 대한, 그것도 혈육을 고통의 대상으로 삼겠다는 결연한 의지 앞에 많은 독자들은 당황과 분노를 넘어 적개의 심리로 연일 공격의 수위를 멈추지 않았다.

상식적 차원에서 동심이란 용어는 '순수, 순결, 또는 환상과 꿈'이라는 일종의 긍정 관념의 카테고리가 설정되어 있다. 모 TV 프로그램에서 사랑 받은 '삼둥이'의 인기비결은 사회 심리학적으로 보면 피곤하고 답답한 현실을 잊게 만드는 일종의 '순진성의 필터링 장치'이다. 적어도 아이들 세계에선 타락한 현실과 조우하고 싶지 않다는 심리적 저항과 순수성 회복의 카타르시스적 감성을 접합시킨 미디어 마케팅의 성과라 할 수 있다.

필립 아리에스의 『아동의 탄생』(새물결)에 의하면 "아동이란 근대 가족 제도의 출현과 더불어 발명된 개념이다. 즉 그냥 작은 사람에서 어른과 구별되는 특정 대상이 되었다. 아동을 위한 옷과 교육, 보호와 격리, 가치와 질서 등을 요구함으로써 아이들은 어른들이 만들어 놓은 '전형적 아동'으로 재탄생됐다. '귀여움의 대상' 즉 만들어진 '천사'는 어른의 규범이 창조한 아동의 표상이다. 사회화되지 않는 날것의 특성을 고스란히 보여주는 아이들의 미숙함은 아마도 '귀여운 순수 천사'가 되기에 충분조건이었을 것이다.

하지만 이러한 제도화된 관념 이면에는 아동에게 용인되지 않는 금기의 영역이 존재한다. 「학원 가기 싫은 날」의 파장은 아마도 숨기고픈 금기를 위반하고 도발했다는 무의식적 집단분노의 심리일 것이다. 시를 쓴 아이와 부모에게 쏟아지는 비난의 화살은 '이것은 동심이 아니다', '동심이어서는 안 된다'라는 어른들의 이데올로기가 함의된 즉각적 반응이다.

하지만 생각해보자. 엉덩이를 흔들면서 섹시 댄스를 추는 구경거리가 된 아이들에게 환호하는 어른들, 생명을 살상하고 해부해서 구워먹고 뜯어먹는 정글에서 순수의 환상을 제공받는 어른들, 기계처럼 정신과 육체까지 훈육된 아이들에게 미소 짓는 어른들, 어른들이 만들어놓은 관념의 검열에 통과한 동심만이 진짜 동심일까? 아이를 향한 채찍의 방향은 이제 어른들이 감당해야 할 몫이다. 진짜 잔혹한 사실은 아이의 도발적 상상력에 쿨cool할 수조차 없는 어른들의 무자비한 폭력이다.

(《스포츠경향》 2015. 5.17)

'잔혹 동시', 엉뚱한 논쟁만 하고 있다!

강 수 돌 고려대학교 교수 칼럼

"학원에 가고 싶지 않을 땐/ 이렇게// 엄마를 씹어 먹어/ 삶아 먹고
구워 먹어/ 눈깔을 파먹어/ (…) / 심장은 맨 마지막에 먹어// 가장 고
통스럽게"

열 살짜리 초등학교 여자 아이가 썼다고 보기엔 섬뜩한 느낌
이 드는 시다. 이 시는 2015년 5월 어린이날을 앞두고 나온 『솔
로 강아지』라는 제목의 동시집에 나온다. 시의 제목은 「학원 가
기 싫은 날」이다. 이 시와 함께 그보다 더 섬뜩한 느낌이 드는 삽
화(한 아이가 쓰러진 어머니 옆에서 입에 피를 묻히고 심장을 먹
고 있는 그림)가 같이 언론에 소개되면서 작은 파문이 일었다.

그 기사를 본 시민들이나 아이들은 대체로, 동심이 담긴 시와
그림이라고 보기엔 내용이 너무 자극적이고 소름이 돋는다고 했
다. 출판사는 어린 작가의 의도를 생각해 가감없이 실었다고 설

명했다. 표현의 자유 내지 예술성 등, 출판사의 해명에도 불구하고 언론 등 시민 사회의 반응은 시와 그림에 대한 혐오감, 그리고 출판사의 도덕성 내지 신중성에 대한 비판이 많았다. 심지어 10살 어린이를 '패륜아' 또는 '사이코패스'로 취급하기도 했다. 또 그 어린 작가의 부모에게도 "어떻게 이런 책을 출판하게 내버려 두냐"는 비난이 쏟아졌다.

원래 "이것을 보고 시대의 슬픈 자화상을 발견하고 어른들의 잘못된 교육에 대해 반성할 수 있는 계기가 될 수" 있기를 바랐던 출판사도, 오히려 모진 역풍이 거세게 일자 3일만에 유통 중인 시집 전량을 회수하고 재고 도서도 전량 폐기하기로 결정했다. 이미 출간된 책을 전량 폐기한다는 결정은 참 쉽지 않은데도 출판사 측이 발 빠른 반응을 보인 셈이다.

그런데 이를 들은 동시 작가의 어머니(시인)가 발끈하고 나섰다. 그는 한 언론 인터뷰에서 "딸의 시가 사회적으로 잔혹성 논란을 일으켜 송구스럽다"고 전제한 뒤, "책을 회수하는 것은 맞지만 전량 폐기는 반대한다"고 했다. 그러나 출판사가 실제로 전량 회수 폐기라는 특단의 결정을 내리자 이에 반발, 서울중앙지방법원에 그 책의 '회수 및 폐기 금지 가처분 신청'을 냈다.

나는 개인적으로, 법정 논란보다 양측 사이에 원만한 조정과 합의가 이뤄져 갈등이 조기에 마무리되기를 빈다. 왜냐하면 지금 이 사안이 그 본질상 이 양측 사이의 이해관계 갈등으로 좁혀질 문제가 아니라고 보기 때문이다. 그런 점에서 작가의 아버지가 10일 자신의 페이스북에 "출판사의 뜻에 따라서 『솔로 강아지』 전량 폐기를 받아들이기로 했다"면서 "폐기 금지 가처분 신청을 취하한다"고 적은 것은 다행이라고 생각한다. 법정에서 누가 더 옳은지 판가름 난다고 해도 승자가 진짜 승자이며 패자가 진짜 패자인지는 불분명하다.

사실, 이 일은 여러 가지 측면에서 우리에게 생각할 점을 던진다. 특히 시의 내용이나 삽화가 전해주는 끔찍함과 동시집이라는 매체 사이의 관계 문제, 나아가 출판을 추진한 아이 어머니와 출판사의 의도나 책임성 문제, 또, 이 문제에 대한 시민 사회의 반응들과 아이에 대한 낙인이 가진 문제, 표현의 자유, 예술성이나 문학성 등의 문제 등등이 모두 화제가 될 수 있다.

그러나 내가 보기에 가장 중요한 것은 동심의 세계와 어른의 세계 사이의 충돌이다. 이번 논란을 생각하는 데 가장 중요한 것은 「학원 가기 싫은 날」이란 시에 드러난 동심, 즉 아이의 마음이다. 눈만 뜨면 공부하라고 하는 엄마, 매일같이 학원을 반강제로 가라고 하는 엄마가 정말 지긋지긋하게 느껴진 모양이다. 그 아이는 자신의 눈을 열고 가슴을 연 채 엄마에게 속마음을 털어 놓는다. 설사 그 속마음을 털어 놓았을 때 혹시라도 엄마에게 혼이 나지 않을까, 하는 우려가 없지는 않았겠지만, 솔직하게 보여주고 싶은 순수함이 더 컸을 것이다.

그런데, 그 시를 본 엄마의 태도도 정말 남달랐다. "처음에는 그 시를 보고 화가 났지만 미안함도 생겼다. 아이가 학원에 가기를 이렇게까지 싫어하는 줄 전혀 몰랐다. 그래서 그 자리에서 아이가 다니기 싫어하는 학원을 그만두게 했다"고 말했다. 아이의 정직한 표현에 엄마도 정직하고 성숙되게 반응했다. 그렇지 않았다면, 많은 가정에서 그러한 것처럼 엄마는 '엄마 아빠가 네 장래를 위해 얼마나 고생하면서 학원을 보내주는 건데, 무슨 배은망덕한 소리만 하느냐?'며 혼을 냈을지 모른다. 그런 면에서 이 아이와 엄마는 정말 건강한 소통을 하고 있었던 것이다.

특히 2011년에 등단한 시인이기도 한 엄마는 문인답게 "아이의 시가 표현이 거칠기는 하지만 발상이 재밌어서 웃음이 나왔다"고까지 말했다. 나아가 그는 자신의 미안함이나 부끄러움을 넘어 온 사회가 성찰을 하기를 원했다. "아이들을 숨 쉴 틈 없이 학원으로 내모는 한국 사회에 대한 비판적 우화로 작품성과 시적 예술성이 있다"고 판단한 끝에 그 동시집의 출판을 추진하게 되었다고 한다.

그렇게 해서 『솔로 강아지』라는 멋진 동시집이 나왔다. 이제 많은 사람들이 이 책을 보고 한국 사회가 특히 5월 가정의 달과 어린이날을 맞아 아이의 눈으로 세상과 삶을 다시 성찰하게 되었다면, 모든 일이 순조롭게 잘 돌아갔을 터이다. 그러나 세상은 아직 그런 방향으로 갈 준비가 되어 있지 않았다. 아이와 엄마의 마음이 동심의 세계를 강하게 드러내고 있었다면, 사회나 언론은 잘못된 어른의 세계를 고집스럽게 드러냈던 것이다. 즉, 사회나 언론은 시나 그림이 가진 '끔찍함'을 넘어 자신과 사회를 차분히 성찰하는 보다 성숙한 어른의 세계를 제대로 드러내지 못했다.

그렇다면 (잘못된) 어른의 세계란 무엇인가? 그것은 한편으로, 동심의 순수함이나 솔직함과 달리 출세나 세속적 성공의 욕망, 즉 이름을 드러내고자 하거나 돈을 벌고 싶은 마음, 그리고 다른 한편으로, 시 속에서 '학원' 문제로 드러난, 잘못된 교육 현실이나 사회 현실의 문제점을 알면서도, 이를 애써 숨기고 싶은 마음 같은 것일 것이다. 물론 사람마다 정도의 차이는 있다. 하지만, 동심의 세계와 다른 비뚤어진 어른의 세계가 이런 측면을 갖고 있음을 부정하긴 어렵다. 물론, 우리는 얼마든지 보다 성숙하고 바람직한 어른의 세계를 만들 수 있다. 그러나 아직은 잘못된 어른의 세계에 빠져 있다.

우리가 보다 정직하게 이런 잘못된 어른의 세계를 솔직히 인정한다면 이런 질문을 추가로 던질 수 있을 것이다. '왜 우리는 동심의 순수함을 있는 그대로 유지하지 못할까?' 그리고 '왜 우리는 잘못된 교육 현실이나 사회 현실의 문제점을 제대로 고치려하기보다 계속 고수하려고만 할까?'

그것은 한마디로, '먹고사는 문제' 때문이 아닐까 한다. 그렇다. 먹고사는 문제가 인생 문제에서 가장 중요한 비중을 차지한다. 하지만 우리는 여기서 한 번 더 물어보아야 한다. '지금 우리 사회가 돌아가는 방식으로 먹고사는 문제를 해결하는 것이 정답인가?' 이런 질문이다. 먹고사는 문제가 중요하다는 것이야 두말할 나위가 없지만, 이런 식으로 먹고살아야 하는지에 대해선 넓은 사회적 토론이 필요하다는 것이 내 생각이다.

예컨대, 왜 우리는 자신이 하고 싶은 공부를 하고 또 하고 싶은 일을 하면서도 '이웃사촌'과 더불어 행복한 마을을 이루며 살지 못하는 걸까? 왜 우리는 억지로 학원에 가서 국 · 영 · 수에 매진하고 오로지 일류대학만 바라보고 재미없는 공부를 한 뒤 또 '스펙' 쌓느라 대학의 낭만이나 비판적 지성도 즐기지 못한 채, 취업 뒤엔 '팔꿈치'로 옆 사람을 밀치는 경쟁을 하며 재미도 없고 의미도 없는 일을 계속 하며 살아야 하는가? 바로 이런 근본적 질문이 필요하다.

솔직히 말하자면, 우리는 우리 자신의 소망이나 의견과는 달리, 아래는 없고 위는 좁은 '사다리 질서' 내지 '피라미드 질서' 안에 살고 있다. 팔꿈치로 옆 사람을 제치고 무조건 위로 올라만 가면 우리는 돈과 권력을 한꺼번에 쥘 수 있다. 다른 사람들이 얼마나 고통을 받건 오로지 내 앞만 바라보고 오로지 내 가족만 챙기면 행복해질 것이라 믿고 있으면서 '경쟁력' 키우기에만 골몰한다. 하지만 사태의 진실은, 바로 그런 치열한 경쟁에서 극소수만 승자 그룹에 들어가고 대다수는 평생 허덕거리며 살아야 한다는 점, 나아가 누가 승리하는가와는 무관하게 경쟁이라는 게임에 들어간 모든 사람들은 자본과 권력의 지배를 받게 된다는 점이다. 그래서 자본과 권력은 사람들이 분열되어 경쟁하지 않고 연대하고 협동하는 것을 달가워하지 않는다. 동심의 세계가 연대와 협동에 가깝다면, 어른의 세계는 경쟁과 분열에 가깝다. 그러나 참된 인생의 원리는 연대와 협동, 사랑과 우정에 있다. 하지만 '사다리 질서' 내지 '피라밋 구조'는 우리를 부단히 경쟁과 분열로, 위계와 차별로 몰아넣는다. 사랑과 우정, 연대와 협동의 원리로써 이것을 극복해내지 못한다면 우리 삶의 비극은 계속된다는 것이 우리 삶의 진실이다.

그러나 아직 우리 사회는 이런 문제의식이 턱없이 부족하다. 그러다 보니, 「학원 가기 싫은 날」과 같은 동시가 나올 수밖에 없는 것이다. 그 시에서 아이의 마음은 정직했다. 그리고 아이는 어른스런 수준의 시를 수시로 많이 쓸 정도로 재주가 뛰어나다. 바로 그런 아이가 시를 통해 동심의 세계를 잘 대변했고 이로써 어른의 세계와 정면충돌한 셈이다.

비록 이번 논란에서 이런 문제의식이나 사회적 성찰이 부각되지 않았지만, 이 문제는 시나 그림의 '끔찍함' 문제보다 훨씬 본질적이다. 사실, 이번엔 아이가 쓴 시가 문제가 되었지만, 어른의 세계에 저항하는 동심의 세계는 '자살'이라는, 훨씬 더 끔찍한 결과를 초래하지도 않던가? 한둘도 아니고 일 년에 무려 250명 내지 300명의 10대 청소년이 자살을 하는 사회가 바로 우리가 사는 대한민국이다. 한 아이가 죽어도 온 사회가 고통스러워하며 근본 해결책을 찾아 나서야 할 판국에, 수백 명이 자살로 호소해도 우리는 '집단 불감증'에 빠져 냉담하거나 무관심, 심하면, 낙인찍는 일에 골몰한다. 바로 이러한 우리의 태도나 사회적 분위기가 아이들을 죽음으로 내몰고 '끔찍한' 작품을 쓸 수밖에 없도록 만들고 있는 것이다.

그러니 해답은 어른의 세계 속에 있다. 오로지 극소수의 특권층에 들고자 하는 욕망에 젖어 자신의 인간성이나 사회성을 잃어버린 어른의 세계를 보다 건강하게 고쳐내야 한다. 정치경제, 사회문화, 교육언론, 예술종교 등 모든 영역에서 사력을 다해 잘못된 구조와 분위기를 쇄신해야 한다. 이런 운동이 범사회적으로 벌어질 때 비로소 더 이상 '어머니의 심장을 파먹고 싶은' 왜곡된 동심의 세계가 생기지 않을 것이다.

잘못된 어른의 세계를 정직한 동심의 세계로 성찰하도록 만들어준 『솔로 강아지』의 시에 대해 '잔혹 동시'니 '패륜아'니 하는 낙인을 찍어대며 진정 본질적인 문제를 외면하는 것은, 인간다운 세상을 만들겠다며 몸부림치는 온갖 사회적 저항에 대해 '종북'이니 '빨갱이'니 하며 낙인을 찍는 행위와 마찬가지로 그 자체가 대단히 잔혹하며 지극히 패륜적이다. 그리고 이것은 우리가 온 사회의 잘못된 구조나 풍토 자체를 고치려 하기보다 무관심과 냉담함으로 대하는, '집단 불감증'을 하루빨리 극복하지 않는한, 계속될 비극이라는 불길한 예감이 든다.

《《프레시안》, 2015. 5. 12)

동시보다 잔혹한……

박 경 효 비아트 동화작가

학원에 가고 싶지 않을 땐

이렇게

엄마를 씹어 먹어

삶아 먹고 구워 먹어

눈깔을 파먹어

이빨을 다 뽑아 버려

머리채를 쥐어뜯어

살코기로 만들어 떠먹어

눈물을 흘리면 핥아 먹어

심장은 맨 마지막에 먹어

폐기처분 된 이순영 꼬마시인의 문제작을 다시 읽어 보았다. 도대체 학원이 어떤 곳이길래 저런 상상을 하게 되는 걸까? 한 줄 한 줄 써 내려가며 글을 음미하고 상상하고 분노했을 것 같은 아이를 떠올려 보기가 힘들다. 아이가 그렇게 싫어한 학원은 영어 학원이었다. 그런데 시집은 영문 번역과 좀 과도한 그림까지 곁들여 놓았다. 이 시집은 그간에 아이가 영어학원에서 받은 스트레스를 어느 정도 극복할 수 있는 성과물일 것이다.

노컷뉴스에서 인터뷰한 꼬마시인은 폐기처분이라는 극단적 상황에서도 의외로 당당했다. 오히려 과민반응을 보이는 어른들을 측은하게 보듯이 "시는 시일 뿐인데 진짜로 받아들이는 어른들이 많은 것 같다"고 말했다. 시를 시로만 보지 않고 전량 폐기라는 폭력을 휘두르는 건 어른이었다. 다행히 아이의 시를 받아들이고 아이가 그토록 싫어하는 학원도 끊고, 시집 출간까지 도우며 건강한 소통으로 이끌어 낸 건 다름 아닌 아이의 엄마였다.

아이들에게 잔혹하고 폭력적인 사회상을 보여주는 동화도 있다. 대표적인 것이 아기장수 설화이다. 여기서 아이의 무한한 가능성을 짓밟고 결국 죽음으로 처절한 결말을 이끌어 내는 조력자도 엄마이다. 사회의 폭력적인 규율에서 아이의 능력을 지켜주지 못하고 스스로 자기검열을 통해 통제의 틀 속에 아이를 가두는 주체가 된 것이다. 이런 대립적인 관계는 성장의 주체인 아이로서는 극단의 상황인식과 저항의 감정을 가지게 한다. 꼬마 시인의 잔혹한 표현도 어른과 달리 자유로운 선택지가 없는 가운데 생기는 극단적인 감정의 표현이기도 하다. 그럴 때 아이들은 스스로 제 마음 속의 미운 엄마를 죽이고 다시 현실의 사랑하는 엄마를 맞이하는 과정인 것이다.

의외로 어른들이 서로의 문제 있어서는 관대하거나 비겁하게 수습해버리는 꼴들이 많다. 표절을 하는 유명한 소설가나 자기 집단의 이익을 위해 수많은 아이들의 죽음도 방관해버리는 비겁하며 잔혹한 현실을 우리는 목도하고 있다. 『솔로 강아지』라는 시집은 유달리 끔찍한 표현을 하면서도 발랄하게 만화 같은 필치로 그린 시화가 눈에 띄었다. 그 중 「학원 가기 싫은 날」의 그림에서 당황스러운 기시감을 느끼게 한다. 제 아비를 제 마음 속에서 죽이지 않고 외려 국민의 심장을 향해 침을 흘리는 듯한 어떤 여자의 모습이 겹쳐져 몸서리 쳐지는 잔혹한 기운을 느낀다.

(격월간 미술잡지 《비아트》)

잔혹 동시 '학원 가기 싫은 날'

최 동 호 시인 · 고려대학교 명예교수

어린이의 달 오월 초부터 잔혹 동시가 쟁점이 됐다. 출판사 측의 전량 폐기로 문제가 일단락되기는 한 것 같지만 논란은 그대로 남아 있다. 표현의 자유를 주장하는 측과 그 한계를 넘었다는 측의 주장은 아직 어떤 합의에 도달할 것 같지는 않다. 시는 시일 뿐인데 왜 이렇게 민감하게 나오느냐는 것이 시집을 발간한 측의 주장이고 출판사는 물의를 사과하고 폐기한다고 했지만 대다수 일반 독자들은 당혹스럽다는 의견인 것 같다. 물론 여기에 정작 동시를 쓴 열 살 소녀의 의견은 크게 표면에 드러나지 않았다.

일부에서는 과연 그 동시를 어린 소녀가 정말 쓴 것인가 하는 의문을 제기하는 사람도 있다. 아마도 어린 소녀가 아니었다면 크게 문제시 되지 않았을지도 모른다. 이미 젊은 시인들 중에는 그와 유사한 엽기적 시를 발표해 매스컴의 주목을 받기도 했다. 시는 시일 뿐이기 때문이다. 물론 여기에는 잔혹 영화나 일본 잔혹 만화의 영향도 무시할 수 없다. 시단의 중심부가 아니라 시단의 일부에서 이런 유형의 잔혹 시가 확산되고 있다는 것은 최근 사람들의 정서가 메마르고 각박해지고 있다는 사회적 반영이다.

잔혹 동시가 사람들에게 충격을 준 것은 그 필자가 열 살 어린 소녀이기 때문이다. 어린아이들도 선량하고 순진하기만 한 것은 아니다. 동심의 세계에도 성인의 세계 못지않은 경쟁과 탐욕이 작동한다. 그들을 가혹한 경쟁 세계로 내몰고 있는 학부모들도 내심 소망하고 있는 것은 그들의 진정한 행복일 것이다. 유년기에 천진무구한 동심의 세계를 향유한다는 것은 각자의 일생에서 가장 축복받은 지복의 순간이고 그것을 지켜 주고 싶은 것도 부모의 마음이다.

잔혹 동시 논란이 가시지 않은 상황에서 한국 어린아이들의 행복지수가 외국에 비해 매우 낮다는 보도가 있었다. 잔혹 동시가 출현하지 않을 수 없는 현실을 말해 주는 것이다. 공교육이 붕괴된 현실에서 방과후 어린아이들은 과외와 레슨으로 밤늦게까지 조금도 쉴 여유를 갖지 못한다. 그들의 나날의 삶은 동시집 『솔로 강아지』에 수록된 시 「학원 가기 싫은 날」에서 "학원에 가고 싶지 않을 땐/ 이렇게/ 엄마를 씹어 먹어/ 삶아 먹고 구워 먹어/ 눈깔을 파먹어" 등의 표현이 서술된 다음 한 행 건너 "가장 고통스럽게"에서 절정을 이룬다. 시어의 구사나 점층적 행간의 배치에서 열 살 어린 소녀가 쓴 동시라고 하기 어렵다고 할 만큼 세련된 솜씨다.

한 편의 시로 전체를 말하기 어렵다고 할 수 있는데 다른 시편들을 읽어 보아도 군더더기 없는 깔끔하게 마무리된 시편을 다수 엿볼 수 있어 놀랍다. 그러므로 '매우 독특한 감성을 가지고 있다'고 평가받을 수도 있다. 독자를 더욱 당혹스럽게 하는 것은 첨가된 삽화다. 입술에 피를 묻히고 심장을 씹어 먹고 있는 엽기적 그림이 시적 상황을 고도로 극화시킨다. 시의 문면이 단순한 시를 넘어 사실일지도 모른다는 전율을 불러일으킨다. 이 부분에서 우리는 이 동시집이 어떤 상업적 목적을 가지고 출간된 것이 아닌가 하는 의아심을 버릴 수 없다.

동시집에 나오는 여러 장면들은 사회의 어두운 면을 부각시키고 그러한 부정과 비리를 고발하는 비판적 기능도 내포하고 있다. 동시집으로 출판된 이상 주된 독자는 어린아이들이다. 출판사에서 전량 폐기했더라도 잔혹 동시는 사회적 충격을 준 하나의 사건이다. 동시든 시이든 윤리를 부정하고 질서를 파괴하는 것으로 세인의 주목을 받고 상업적으로 성공하고자 한다면 언제나 이는 일시적인 현상일 뿐이라는 점을 잊어서는 안 된다.

시적 깊이와 아름다움이 없다면 표현의 자유를 내세워 극단을 추구해도 충격요법 이상의 효과는 없다. 시는 윤리 이상이거나 기존의 윤리를 넘어서고자 하는 충동으로 가득 찬 존재다. 동시의 이름으로 어린 독자들에게 잔혹하고 충격적으로 받아들여지는 시를 유포하는 것은 표현의 자유가 허용하는 한계치를 넘어선 것이다. 마지막으로 말해 두고 싶은 것은 동시집을 간행했던 소녀가 훗날 자신의 시를 어떻게 생각하게 될지 궁금하다는 것이고 다음으로는 그가 건강하고 행복하기를 소망한다는 것이다.

(《서울신문》 2015. 5. 25)

교단칼럼- 선생님, 더 그려주세요!

송 경 애 은빛초등학교 교감

딩동댕동~! 종이 울렸다. 놀이 시간이다. 학교 안이 들썩거린다. 놀이터는 금세 기운 넘치는 주인들로 가득 찼다. 어이쿠, 한 발 늦었구나. 놀이판 차지를 못한 아이들도 있다. 어떡하지? 울상이던 한 아이의 얼굴에 슬며시 미소가 번진다. 옳지! 놀이터 귀퉁이에 코딱지만 한 사방치기 판을 그린다. 까치발로 서야 겨우 금을 밟지 않을 정도의 크기다. 윗몸을 한껏 젖히고 팔을 번쩍 치켜든 아이의 모습이 마치 개선장군 같다. 저쪽에서 1학년 아이들 서너 명이 뛰어온다. 뾰로통하다. "선생님, 놀이판 더 그려주세요! 네?"

지난 해부터다. 우리 학교에서는 '어린이 놀 권리' 보장을 위한 최소한의 장치를 마련했다. 7560+(7일 중 5일은 하루 60분 이상 놀기) 프로젝트를 시작한 것이다. 중간놀이시간을 30분으로 늘렸다. 학교방송도 과감히 없앴다. 어떻게 잘 놀 수 있을까 의논

했다. 운동장과 포장로의 비어있는 공간 곳곳에 사방치기, 비석치기, 과녁놀이, 달팽이놀이 같은 판을 그렸다. 우리가 노린 건 '소통'과 '재미'다. '혼자 놀이'가 아닌 '함께 놀이'다. 덕분에 학교 곳곳이 시끌벅적 놀이터가 되었다.

어린이·청소년 행복지수 6년째 꼴찌. 아동 삶의 만족도 OECD 최하위. 대한민국 아이들이 행복하지 않단다. 에리히 프롬은 '아이들이 병들었다면 그것은 아이들이 마음껏 놀지 못한 것에 대한 복수'라고 했다.

얼마 전 '잔혹 동시' 논란이 인터넷을 뜨겁게 달구었다. 문제가 된 표현을 차마 옮겨 적지는 못한다. 사람들은 열 살 아이가 쓴 '동시'의 잔혹성에 경악을 금치 못했다.

거기까지였다. 안타까웠다. '동시'가 잔혹한 것인가 '우리 사회, 우리 교육'이 잔혹한 것인가! 잔혹 동시는 어른들 세상을 그대로 반영한 것이다. 어떤 어른도 잔혹 동시의 탄생에 대한 책임으로부터 자유로울 수 없다. 아이는 「학원 가기 싫은 날」이라는 동시에서 공부하라, 친구와 경쟁하라고 강요하는 어른들을 향해 '복수'의 마음을 고스란히 분출하고 있다.

놀이운동가 편해문 선생은 '아이들은 놀기 위해 세상에 온다'고 했다. 놀이는 그들에게 '노는 것' 이상의 의미이다. 본능이자 본업인 셈이다. 놀이를 억압하는 것은 곧 그들의 삶을 억압하는 것이다. 놀이터가 시끄러워야 세상이 평화롭다. 아이들은 놀이터에서 모든 감정을 열어놓는다. 동무들과 모여 왁자지껄 떠들고, 때로는 다투기도 하고, 그러다 누군가는 울기도 하고, 또 누군가는 달래기도 하며 함께 살아가는 법을 몸으로 배우고 익혀간다. 평화로운 삶을 스스로 만들어가는 것이다. 아이들에게 놀이터는 삶터이다.

1989년 유엔총회에서 채택된 아동권리협약에 의하면 모든 어린이는 충분히 쉬고 놀아야 한다. 2014년 11월 19일, 유네스코 한국위원회는 대한민국 정부와 지자체에 권고한다. '아이들이 놀수 있도록 국가적인 놀이 전략을 수립해야 한다'고.

드디어 지난 5월 4일, 전국시도교육감협의회는 어린이 놀이 헌장을 제정·선포하였다. 가정, 학교, 지역사회는 어린이의 놀 권리를 존중해야 하며, 어린이에게 놀 터와 놀 시간을 충분히 제공해 주어야 한다는 것이 골자이다. 어린이 놀이 시간을 보장하고 놀이시설 안전을 강화하는 정책도 추진하기로 했다. 5월 13일에는 정부 차원에서도 놀 권리 헌장 제정과 아동 놀이 정책을 수립하겠다고 밝혔다. 환영할 일이다.

우리는 보도블럭 위까지 놀이판을 더 그렸다. 광주학생인권조례 제18조 ①, ②항은 적절한 휴식과 놀이를 누릴 권리, 공간 및행·재정적 지원을 받을 권리를 명시하고 있다. 놀이는 어른들이 베푸는 '혜택'이 아니라 그들이 '응당 누려야 할 권리'다.

아이들은 학교에서 가장 많은 시간을 보낸다. 함께 놀 동무들도 늘 곁에 있다. 아이들이 놀기에 최적의 공간이 바로 학교다. 아이들은 노는 것이 일이다. 학교는 노는 곳이라야 한다. 더 그려주라는 말은 여전히 놀이가 고프다는 말이다.

(《무등일보》, 2015. 6. 24)

제4부
『애지』특집글 : 엄마 죽이기

반경환, 황정산, 공광규

김남석, 김　언, 김대현

김용우

학원 가기 싫은 날

— '잔혹 동시'라는 말을 심판한다

반 경 환 『애지』 주간 · 철학예술가

초등학교 5학년, 이제 겨우 10살짜리 어린아이가 「학원 가기 싫은 날」을 썼고, 그것을 『솔로 강아지』라는 동시집으로 출간했다고 해서 대한민국이 며칠째 난리가 났다. 시인은 이 세상을 찬양하기보다는 비판할 때, 그 존재의 정당성을 더욱더 인정받게 되는 것이지만, 무엇이, 왜, 그토록 대한민국을 양은냄비가 끓어 오르듯이 달아오르게 하고 있었던 것일까? 그것은 시의 내용이 너무나도 끔찍하고 잔인하며, 도저히 초등학교 5학년의 어린 아이의 동심이라고는 믿어지지가 않았기 때문이었을 것이다. "엄마를 씹어 먹어/ 삶아 먹고 구워 먹"는다는 것, "눈깔을 파먹어/ 이빨을 다 뽑아버"린다는 것, "머리채를 쥐어뜯어/ 살코기로 만들어 떠먹"는다는 것, "눈물을 흘리면 핥아먹어/ 심장은 맨 마지막에 먹"는다는 것은 동방예의지국의 충효사상을 정면으로 부정하면서 '어머니 살해의 비정함'만을 드러내놓고 있었던 것이다. 아니, 이 시의 잔혹성은 어머니 살해의 비정함에 있는 것이 아니라, 오히려, 거꾸로 그 어머니 살해의 비정함을 즐거운 유희로써 향유하고 있다는 데 있다고 하지 않을 수가 없는 것이다.

잔혹하다, 끔찍하다. 아니, 온몸에 소름이 끼치며, 어쩌다가 이러한 잔혹 동시, 아니 패륜 동시가 출현하게 되었던 것일까라고 의문을 가져보지 않을 수가 없게 된다. 무엇이, 왜 그토록 순진무구한 어린 아이를 분노하게 만들고 아무런 양심의 가책도 없이 '어머니 살해의 찬가'를 부르게 만들고 있었던 것일까? 이 어린 소녀는 패륜 동시의 저자에서 잔혹 동시의 저자가 되었고, 또한 패륜녀에서 사이코패스로 여론의 집중포화를 맞으며 마녀사냥의 희생양이 되어가는 동안, 우리 대한민국사회의 광기(이성)는 신을 닮은 것이 되어갔고, 모든 것을 의심하고 회의하는 것이 지식인의 첫 번째 임무라는 사실을 망각해가고 있었던 것이다. 그 어린 소녀인 이순영 양은 왜 그토록 학원을 가기 싫어했던 것이며, 우리 학부모들은 그 어린 아이의 의사와는 상관없이 왜 그토록 그 어린 아이가 싫어하는 학원으로, 몰아넣고 있는 것일까? 이제 10살 짜리의 어린 소녀에게는 하루 열두 시간씩의 학교 공부와 학원공부보다는 마음껏 뛰어놓을 수 있는 자연의 놀이터가 더욱더 소중하고, 주입식 암기교육보다는 영원한 고전인 세계적인 명작동화들을 읽는 것이 더욱더 소중하다. 정상과 비정상은 이 땅의 학부모들, 소위 도덕적 인간들의 조작에 불과하며, 그들은 우리의 어린 아이들을 학원지옥과 입시지옥을 통해서, 마치 유병언이처럼 모조리 수장水葬을 시키지 못해서 안달이 나있는 미치광이들에 지나지 않는다.

「학원 가기 싫은 날」은 이순영 양의 비판적 양심이 육화된 시이며, 대한민국의 교육제도에 대한 전면적인 거부의 몸짓이라고 해도 과언이 아니다. 그것은 이성에 의한 후천적인 것이 아니라, 자연 그대로의 몸의 말인 생리적인 거부의 몸짓이기도 한 것이다. 문화선진국의 교육제도란 '독서중심의 글쓰기 교육'이 그 핵심이며, 초,중고등학교 교과과정은 대학에 진학해서 최고급의 논문—사상과 이론의 정립—을 쓰기 위한 예비교육과정에 지나지 않는다. 초등학교 때부터 고등학교 3년 때까지, 매학기 마다 그 수준에 걸맞는 필독서들을 읽으며 그것에 대한 글쓰기(독후감)를 하지 않으면 안 되고, 다양한 취미활동과 봉사활동을 하는 것은 물론, 모든 학교 수업은 오후 3시만 되면 다 끝나게 된다. 문화선진국의 학생들은 문학, 역사, 철학 등의 기초학문을 중심으로 엄청나게 많은 책을 읽게 되고, 그것을 토대로 하여 대학에서 최고급의 사상과 이론을 정립하게 되고, 노벨상의 모든 부문들을 싹쓸이하게 된다.

하지만, 그러나 우리 대한민국은 초등학교 때부터 고등학교 때까지 오직 달달달 외우는 주입식 암기교육으로 일관하고, 대학에 진학해서는 최고급의 논문을 쓰기는커녕, 타인의 사상과 이론을 무차별적으로 베껴먹는 글도둑질—표절—로 날밤을 지새우게 된다. 표절대통령, 표절국무총리, 표절교육부장관, 표절청와대교육문화수석, 표절대학총장, 표절대학교수 등이 바로 그것이며, 따라서 표절이 '출세의 보증수표'가 되고, 뇌물(부정부패)이 '국가성장의 원동력'이 된다. 대한민국의 초,중고등학교의 학생들은 아침 7시에서부터 밤 12시까지, 오직 이 학원에서 저 학원으로, 국어, 영어, 수학, 음악, 미술, 과학, 논술 등, 온갖 학원으로 떠돌아 다니지 않으면 안 되는데, 왜냐하면 서울대학교와 연세대학교와 고려대학교를 가기 위해서는 소위 맞춤형 입시학원을 다니지 않으면 안 되게 되어 있기 때문이다.

소위 주입식 암기교육보다는 자연의 놀이터가 더욱더 소중한 어린아이가 이 학원에서 저 학원으로 밤 12시까지 다닌다는 것은 모든 교육이 사물의 이치나 진리탐구가 아닌 출세의 수단이 되었다는 것을 뜻하고, 또한 그것은 학문의 즐거움보다는 학문에 대한 혐오감만을 더욱더 증폭시켜 놓고 있다는 것을 뜻한다. 오죽했으면 이제 겨우 10살 짜리의 어린 소녀가 엄마를 씹어먹고, 삶아먹고, 구워먹고 싶을 만큼, 그토록 원색적인 살기와 분노를 드러내놓고 '어머니 살해의 유희'를 즐기게 되었던 것일까? 어린이는 아버지의 자식이고, 아버지는 어린이의 자식이다. 어린이는 티없이 순진무구하면서도 전혀 순진무구하지 않다. 이순영 양에게는 소위 자연의 놀이터와 세계적인 명작 동화를 읽을 시간이 필요한 것이지, 자기 자신의 적성에는 전혀 맞지도 않은 학원지옥과 입시지옥이 필요한 것이 아니다. 이 세상을 지옥으로 연출해놓고 그것에 반항하는 어린 아이를 패륜녀로 몰아가는 대한민국의 학부모들은 진정으로 정상적인 인간들이 아니다.

다시 한 번 강조하지만, 이순영 양에게는 아침 7시에서 밤 12시까지의 학원지옥과 입시지옥이 필요한 것이 아니라, 자연의 놀이터와 세계적인 명작 동화를 읽을 시간이 필요한 것이다. 자기가 가장 좋아하고 가장 잘할 수 있는 공부를 하는 것—, 바로 이것이 모든 천재생산의 길이며, 노벨상 수상의 지름길이기도 한 것이다. 사상과 이론의 정립은 모든 학자들의 꿈이며, 이 사상과 이론을 정립하게 되면 노벨상을 수상하는 것은 물론, 남북통일도 단 한 순간에 이룩해낼 수가 있는 것이다. 우리 한국인들이 사상과 이론을 정립하게 되면 우리 한국인들은 곧바로 문화선진국민이 되고, 모든 세계인들의 존경과 찬양을 받게 될 것이다.

이순영 양의 「학원 가기 싫은 날」은 대한민국교육제도를 추문으로 만들어버린 양심선언문이며, 오직 학교교육을 '출세의 수단'으로만 악용하고 있는 이 땅의 도덕적 괴물들(학부모들)을 마음껏 야유하고 조롱하고 있는 시라고 할 수가 있다. 딸 아이의 패륜은 인륜이 되고, 엄마의 인륜은 패륜이 된다. 독서중심의 글쓰기 교육은 사교육비가 하나도 안 들고, 공교육을 활성화시키게 된다. 독서중심의 글쓰기 교육은 세계적인 대작가와 세계적인 대사상가를 배출해내고, 곧바로 남북통일은 물론, 우리 한국인들을 사상가와 예술가의 민족, 즉 고급문화인으로 인도해내게 된다. 사교육비가 하나도 안 들면 교육의 기회균등과 함께, '저출산과 고령화의 문제'도 해결되고, 모든 부정부패를 청산하고, 언제, 어느 때나 국력과 민심을 결집시켜나가게 된다.

왜, 그런데 모든 논쟁의 가담자들은 그 동시의 잔혹성과 패륜성만을 문제삼고, 그 아이가 처한 사회 역사적인 차원, 즉, 학원지옥과 입시지옥의 문제는 전혀 거론조차도 하고 있지 않은 것일까? 소위 가장 핵심적인 문제는 어떻게 하면 우리의 어린 아이들을 학원지옥과 입시지옥으로부터 해방시키고 국제경쟁력 있는 교육을 가르칠 수 있는 것일까가 될 수밖에 없는 것인데, 왜, 모두들 이처럼 가장 중요한 문제에 대해서는 한결같이 침묵을 지키고 있는 것일까? 참으로 어처구니가 없고, 대한민국의 미래가 걱정되지 않을 수가 없다. 대한민국은 판단력의 어릿광대, 즉 바보천치가 통치하는 국가이며, 우리 어린 아이들을 그토록 엄청난 사교육비와 시간을 들여서, 모조리 사상적으로 이론적으로 거세시키는 이 세상에서 가장 어리석고 못난 국민의 국가에 지나지 않는다.

대한민국의 교육제도는 사교육의 법칙으로 되어 있으며, 궁극적으로 우리의 어린 아이들을 모조리 수장시키는 마법의 법칙으로 되어 있다.

공교육을 더욱더 무력화시키고 학원지옥과 입시지옥을 더욱더 활성화시켜 보아라! 그러면 더욱더 저출산이 확산되고, 대한민국은 고령화 시대의 유령들의 천국이 되어갈 것이다.

표절을 더욱더 출세의 보증수표로 양성화하고 표절의 대가들을 국무총리로, 대통령으로 선출해내어 보거라! 그러면 우리 한국인들은 미제국주의나 중화제국주의, 혹은 대일본제국주의의 노예들로 더욱더 행복하게 살아가게 될 것이다.

　어린 아이는 부모의 좋은 점과 나쁜 점을 배우고, 그것을 토대로 하여 부모에게 사실 그대로 되돌려준다. 일종의 반동형성이며, 물리학에서의 반작용과도 같다. 어린 아이의 의사와는 전혀 상관없이 학원지옥과 입시지옥으로 몰아넣은 결과, 그 어린 아이는 자연스럽게 자기방어의 차원에서 어머니에 대한 적대적인 태도를 취하게 된 것이다. 이순영 양의 「학원 가기 싫은 날」의 잔혹성은 그 어린 아이의 성격파탄 때문도 아니고, 호러물이나 공포영화를 많이 본 탓도 아니다. 그 시는 다소 과격하고 파격적이기는 하지만, 세목의 진정성 이외에도 전형적인 상황에서의 아주 자연스러운 감정의 발로, 즉, '리얼리즘의 승리'일 수도 있는 것이다. 반사회적이고 패륜적인 것은 이 세상 그 어디에도 없는 학원지옥과 입시지옥을 연출해낸 학부모들이지, 이 세상의 자연의 학교로 되돌아가고 싶어하는 이순영 양이 아니다. 언제, 어느 때나 '내탓은 없고, 네탓만이 있는' 학부모들의 광기는 전혀 새삼스러운 것도 아니며, 그들의 정신분열증적인 광기는 하나의 우화나 풍자마저도 용인하지 못하고, 어린 아이의 시적 재능마저도 짓밟아버리는 집단적인—전체주의적이고 파시즘적인—폭력성으로 나타나게 된다.
　「학원 가기 싫은 날」은 수많은 작품들 중의 단 하나의 예외적인 작품에 지나지 않으며, "우리 강아지는 솔로다/ 약혼 신청을 해 온 수캐들은 많은데/ 엄마가 허락을 안 한다/ 솔로의 슬픔을 모르는 여자/ 인형을 사랑하게 되어 버린 우리 강아지/ 할아버지는 침이 묻은 인형을 버리려 한다/ 정든다는 것을 모른다/ 강아지가 바닥에 납작하게 엎드려 있다/ 외로움이 납작하다"라는 「솔로강아지」와 "친구들과 내기를 했어/ 세상에서 가장 무서운 것 말하기/ 티라노사우르스/ 지네/ 귀신, 천둥, 주사/ 내가 뭐라고 말했냐면/ 엄마/ 그러자 모두들 다같이/ 우리 엄마 우리 엄마/ 엄마라는 말이 왜 이렇게 되었을까?"라는 「세상에서 가장 무서운 것」과 "사람들 앞에서 어슬렁거리는 표범/ 맹수지만 사람에게 길들여져/ 자기가 누군지 잃어버린/ 이제 더 이상 고개를 들 수 없겠네/ 무엇이 기억나는 지/ 눈 밑으로 눈물이 흘러 생긴 삼각형/ 얼굴은 역삼각형/ 눈물과 얼굴이 만나/ 삼각형이 되어버린 표범(「표범」)"이라는 시들을 생각해볼 때, 다소 조숙한 이순영 양의 천재성이 한국문학을 견인하고, 우리 한국인들에게 노벨문학상의 영광을 안겨주게 되는지도 모른다. 위기는 기회이며, 이 기회에 학원지옥과 입시지옥으로부터 우리의 어린 아이들을 해방시키고, 다시는 이순영 양과도 같은 사회적 희생양이 나오지 않도록, 이 세상에서 가장 고귀하고 위대한 대한민국의 교육제도를 연출해낼 수 있기를 바랄 뿐이다.

학원에 가고 싶지 않을 땐
이렇게

엄마를 씹어 먹어

삶아 먹고 구워 먹어

눈깔을 파먹어

이빨을 다 뽑아버려

머리채를 쥐어뜯어

살코기로 만들어 떠먹어

눈물을 흘리면 핥아먹어

심장은 맨 마지막에 먹어

가장 고통스럽게

— 이순영, 「학원 가기 싫은 날」(『솔로 강아지』) 전문

엄마 죽이기

황 정 산 문학평론가 · 대전대 교수

아이가 엄마를 죽이면 안 되는 것일까? 당연히 안 될 일이다. 사람이 사람을 죽이는 것에 더해 하물며 가족을 죽인다는 것은 비인간적이고 반인륜적인 중대한 범죄이다. 그래서 모든 나라의 법에서 친족 살해는 아주 무거운 벌로 다스리고 있다. 하지만 우리는 상상 속에서 많은 사람들을 죽이며 산다. 층간 소음을 일으키는 윗집 사람을 죽이고 무례하게 운전하는 앞차 운전자를 죽이고 부당한 권력을 행사하는 회사 상사를 죽이고 나라를 망치는 정치인들을 죽인다. 그리고 그 상상이 우리를 위로하기도 하고 각성하게 만들기도 한다. 예술은 바로 이러한 상상의 산물이다. 이 상상을 통해 기존의 가치와 윤리를 전복하고 새로운 생각과 가치를 만들어낸다. 이것이 예술이 할 수 있는 가장 진지한 역할일 것이다.

이런 기본적인 이야기를 서두에 꺼내는 것은 바로 얼마 전 논

란거리가 된 이순영의 동시집『솔로 강아지』에 실린 「학원 가기
싫은 날」이라는 작품에 대한 생각을 정리하기 위한 것이다. 많은
편견과 감정적 반응을 제쳐두고 조금 냉정하게 생각해 볼 때 이
논란에는 깊이 따져봐야 할 많은 주제들이 들어 있다.

> 엄마를 씹어 먹어
>
> 삶아 먹고 구워 먹어
>
> 눈깔을 파먹어
>
> 이빨을 다 뽑아 버려
>
> ─「학원 가기 싫은 날」부분

　먼저, 어린이가 자기의 엄마를 죽이겠다는 상상을 하고 그것
을 이렇게 표현하면 안 되는 것일까? 아이에게 엄마는 절대 권
력이다. 자기의 삶을 완전히 책임지고 또한 완벽히 통제하는 존
재이다. 그런데 그런 존재가 자신에게 억압을 행사할 때 취할 수
있는 방법은 다음 세 가지이다. 첫째는 그 억압에 충실하게 길들
여져 엄친아가 되는 길이고 둘째는 자해를 하거나 가출을 한다
거나 아니면 자살 같은 극단적인 방법으로 불량하게 대드는 것
이다. 마지막 한 가지가 바로 상상으로 그 억압을 벗어나는 길이
다. 이순영 어린이가 택한 길이 바로 이 세 번째이고 이것은 바
로 예술의 방식이다.

　다음으로, 동시도 예술이지만 그보다는 교육적 의미가 크다는

생각이다. 동시는 교육적 의미가 크므로 사회가 요구하는 바람 직한 생각이나 정서를 써야하고 그것을 넘어서면 교육적으로 위 험하다는 주장이다. 이러한 생각에는 미숙한 어린이와 완전한 인격체로의 성인이라는 이분법이 깔려 있다. 어린이 문학인 동 시는 성인들의 시와는 달리 현실을 그대로 보여주기 어렵다는 것 이고 그것은 어린이들의 인지적 정서적 발달이 아직 낮은 단계여 서 위험하기 때문이라는 것이다. 그런데 생각해 보자. 대학 입학 하기 위해 학과를 정하는 것에서부터 부모의 의견에 따라야 하 고 대학공부는 물론 취직하는 데까지 부모의 도움을 받아야 하고 그것뿐이랴 나중에 결혼해서도 부모의 경제적 도움 없이는 살아 가기 힘든 요즘 젊은이들을 과연 독립적 인격체로서의 성인이라 고 할 수 있을까? 이런 성인들보다 상상적으로나마 엄마의 억압 으로부터 벗어나고자 하는 이순영 어린이가 훨씬 더 독립적이고 성숙한 인격체는 아닐까?

그리고 동시의 교육성에 대해서도 생각해 볼 필요가 있다. 예 쁘고 아름답고 모범적인 정서와 생각만이 교육적일까? 그것보 다는 현실의 모습을 알게 해주는 것이 더 교육적이지 않을까? 흔 히 어린이들은 아름다운 꿈을 가져야 하고 그러기 위해서는 현실 을 감추고 그들에게 아름다운 상상의 세계를 맘껏 보여줘야 한다 고 말한다. 하지만 그것은 어린이들의 꿈이 아니라 어른들의 꿈 일 뿐이다. 아름다운 세상에서 착한 생각만 하면서 구김살 없이 자라나는 어린이라는 소망은 어린이들 그들의 소망이 아니라 어른들의 소망이다. 그 소망을 어린이들에게 강요함으로써 착하고 예쁘고 말 잘 듣는 아들 딸을 만들고 모범적인 시민으로 만들어 사회에 적응하고 살라는 것이다. 그것은 어린이들을 나아가 그 시절을 겪은 어른들마저도 비성숙한 의존적이고 수동적인 인물로 만들어 권력을 유지하려는 음험한 음모가 아닐까 생각해 볼 수 있다. 주체적 인간이 되기 위해서는 현실을 바로 알아야 한다. 그리고 그것을 상징적이고 우회적인 방식으로 가르치는 것이 서구의 동요집『마더구스』와 같은 잔혹 문학이다. 이순영 어린이의 동시「학원 가기 싫은 날」이라는 작품에서 나오는 잔혹성 역시 이렇게 현실을 인식하는 상징적인 과정일 뿐이다.

또 하나 생각해 봐야 할 문제는 이러한 작품이 몰고 올 사회적 파장에 관한 것이다. 많은 종교단체나 학부형 단체들에서는 이 작품에 대해 비난의 성명을 쏟아냈다. 그리고 인터넷 상엣는 많은 사람들이 "패륜적인 글쓰기" "악마가 깃든 작품"이라는 비난성 댓글들을 퍼부었다. 결국 여기에 항복하여 출판사는 결국 출판된 책을 전량회수하고 폐기하는 조치를 취했다. 또한 표현의 자유와 허용의 수위를 넘어섰다는 사과문을 내놓기까지 했다. 사람들의 비난에는 이러한 작품이 많은 어린이들의 정서를 파괴하고 패륜적인 사고를 조장할 우려가 있다는 생각이 깔려 있다. 그런데 사람들의 우려대로 이 작품 때문에 많은 어린이의 정서가 오염될까? 여기에는 잘못된 편견이 깔려 있다. 하나는 우리 사회의 문제가 누군가 잘못된 신념을 전파해서 그렇다는 생각이다. 그것은 과거에는 마녀사냥으로 현재에는 매카시즘으로 나타난다. 이번 『솔로 강아지』 동시집 문제도 마찬가지이다. 잘못된 생각 비윤리적인 상상이 인간을 파괴하고 사회를 좀먹는다는 공포감이 깔려 있다. 하지만 우리 사회를 폭력과 억압의 세상으로 만든 것은 이런 동시집이 아니라 인간을 도구로 만들고 이윤 추구의 수단으로만 간주하는 자본과 그것의 하수인인 정치권력이다. 또 그것을 내면화한 우리 자신의 폭력성이다.

약간 다른 문제이긴 하지만 사람들은 폭력물과 포르노물이 인간성을 파괴하고 사람들을 폭력적 성향이나 성적 타락으로 이끌 것이라고 우려한다. 그리고 그것들을 따라 범죄를 저지른 몇몇 사람들의 예를 들기도 한다. 하지만 가장 많이 팔린 책인 성경을 그리 많은 사람이 읽고도 사회가 착해지지 못한 이유는 어디에 있을까? 모든 비윤리적 내용이 나오는 책을 불사르고 착한 이야기만 들어있는 책만 읽는 세상을 생각해보자. 과연 사람들이 착해져 범죄 없는 사회가 될 것인가? 전혀 그렇지 않을 것이다. 파괴적 욕구와 성적 욕망을 풀 길 없는 사람들이 더 많아지고 그에 따른 폭력과 성범죄는 더 만연할 것이다. 사람들이 완전히 통제된 사회에 맞춰 태어난 사이보그나 클론이 아니라면 말이다.

이상의 논의에도 불구하고 나는 엄마를 씹어 먹고 그것도 간까지 꺼내 씹어 먹는 상상이 불편하다. 이런 상상 속에서라도 이것이 가능한 사회가 오지 않기를 바라기 때문이다. 사회가 인간을 억압하고 개인의 자유와 가능성을 저당 잡혀 사회의 부속품으로

살라고 강요하고 부모가 그것의 대변자가 되어 교육이라는 이름
으로 자녀를 억압하는 사회는 결코 바람직하지 않다. 이렇게 보
면 문제는 이순영 어린이의 시에 있는 것이 아니라 바로 그러한
작품을 쓸 수밖에 없게 만든 우리 사회에 있는 것이다.

비정상의 어른과 사회에 던지는 순수한 동심

공 광 규 시인

한동안 초등학교 5학년 여학생 이순영 양의 동시가 잔혹하다며 언론이나 문단에서 호들갑을 떨다가 가라앉았다. 내용이 잔혹하고 패륜적이고 끔찍하고 잔인하다는 것이다. 여론의 압박을 견디지 못한 출판사는 동시집 『솔로 강아지』를 스스로 거두어들여 폐기했다. 이는 기존 동시에서 보기 드문 파격적 내용 때문이다. 거기다가 언론이나 출판사나 독자들의 시에 대한 몰이해도 한몫 했다. 그러나 이번 사태를 계기로 나는 시를 대하는 태도와 의미와 가치에 대해 우리 사회가 다시 생각해보는 기회를 갖기를 바란다. 지금은 동시집을 쉽게 구해볼 수가 없기에 언론이나 인터넷에 노출된 것만 가지고 이야기해보겠다. 우선 시집 가운데 문제가 되었던 「학원 가기 싫은 날」이라는 시다.

    학원에 가고 싶지 않을 땐

이렇게

엄마를 씹어 먹어

삶아 먹고 구워 먹어

눈깔을 파먹어

이빨을 다 뽑아버려

머리채를 쥐어뜯어

살코기로 만들어 떠먹어

눈물을 흘리면 핥아먹어

심장은 맨 마지막에 먹어

가장 고통스럽게

— 이순영, 「학원 가기 싫은 날」 전문

　첫 번째는 내용의 문제이다. 창작자는 엄마를 씹어 먹고, 삶아
먹고, 구워 먹고, 눈깔을 파먹고, 이빨을 다 뽑아버리고, 머리채
를 쥐어뜯고, 살코기로 만들어 떠먹고, 눈물을 핥아 먹고, 심장
을 먹는다는 내용이다. 그러나 이 시의 내용은 실제가 아니고 상
상이다. 수 년간 반복적이고 지속적으로 화자를 '학원지옥'에 밀
어 넣어 고통을 주는 엄마를 가장 고통스럽게 먹어버리겠다는 적
대적 상상이다. 이런 상상은 문학에서 얼마든지 가능하고 가능
해야 한다. 이런 상상까지 못하도록 한다면 아이는 미치거나 가

출하거나 자살을 택할 것이다.

자신을 정신적 육체적으로 죽을 지경에 이르도록 압박하는 상대를 그냥 놔두는 인간은 없다. 상대를 공격하거나 자해하는 방식을 택하는데, 상대보다 물리적 힘이 약한 어린이가 선택할 수 있는 방법은 이런 상상일 뿐이다. 상상으로 엄마를 무참하게 살해하고 시신까지 먹겠다고 한다. 상상은 문학의 영역이다. 시의 영역이고, 동시의 영역이다. 상상에서는 무엇이든 가능해야 한다.

그러면 엄마가 어떤 존재이기에 어린 화자는 엄마를 살해하는 상상까지 할까? 아래 시「세상에서 가장 무서운 것」을 보면 된다. 아이들이 무서워하는 것들이 공룡, 지네, 귀신, 천둥, 주사이다. 그런데 이런 것들보다 더 무서운 것이 엄마라고 아이들은 이구동성으로 말을 한다. 아이를 키워본 나는 공감한다.

> "친구들과 내기를 했어/ 세상에서 가장 무서운 것 말하기/ 티라노 사우르스/ 지네/ 귀신, 천둥, 주사/ 내가 뭐라고 말했냐면/ 엄마/ 그러자 모두들 다같이/ 우리 엄마 우리 엄마/ 엄마라는 말이 왜 이렇게 되었을까?"
>
> ―「세상에서 가장 무서운 것」 전문

두 번째는 시를 대하는 태도의 문제이다. 시를 대함에는 삿됨이 없어야 한다. 이미 대성인 공자가 한 말이다. 이는 창작자나 독자나 편집자에게 모두에게 해당되는 말이다. 시는 창작자의 순수한 마음의 기록이다. 순수한 마음은 시 창작 제일의 원리이기도 하다. 자신의 솔직한 마음을 쓰는 것이다. 내용이 하나도 어려울 것이 없는, 쉽고 단순한 구성으로 쓴 「학원 가기 싫은 날」은 화자의 순수하고 솔직한 마음이 담겨있다. 학원에 가기 싫은 화자를 억압하는 어른에 대해 힘이 약한 화자는 이런 마음을 품을 수 있다. 그러나 표현된 시의 내용은 상상일 뿐이지 실제가 아니다.

물론 시를 읽는 사람도 순수한 마음으로 돌아갈 필요가 있다. 시를 순수한 마음의 기록으로 받아들여야 한다는 것이다. 어른의 시선으로 동시를 읽고 판단하여 잔혹하다느니, 패륜적이라느니, 사이코 패스라고 하면 안 된다는 것이다. 이것은 샷된 잣대로 어린이의 마음을 재단하는 것이다. 어린이도 똑같은 인격체이고 감정을 가지고 있다. 신체적 정신적 압박을 받을 때는 저항하고 표현할 권리가 있다. 어린이는 이런 표현을 하면 안 되고 어른은 해도 된다는 것은 차별이고 폭력이다. 알다시피 「학원 가기 싫은 날」 이상의 욕설과 외설로 버무려진 위악적인 표현이 어른 시단에서는 아무런 거부감 없이 받아들여지고 있다. 나도 「아버지 시체를 먹어보자」라는 제목의 시를 발표한 적이 있다.

더하여 시를 편집하고 유통하는 사람인 출판업자도 순수한 마음으로 시를 대해야 한다. 시에 대한 잠깐의 호들갑을 이기지 못하고 유통 중이던 시집을 수거하고 폐기하고 절판하는 것은 시에 대한 사무사한 태도가 아니다. 시는 그냥 시일 뿐이다. 외부의 눈치나 외압으로 이미 출판한 시집을 거두어들이고 절판하여 독자들에게 읽을 권리를 **빼**앗는 것도 출판업자로서, 상인으로서 바른 태도가 아니다. 순수한 장인의 정신을 가져야 한다는 것이다. 상품을 팔아서 이익을 남겨야 하는 자본의 속성을 인정하지 않는 것은 아니다. 이익과 동시에 사회적 책임이 필요하다.

마지막으로 이 동시의 의미와 가치문제이다. 이 시를 읽은 창작자 부모는 인터뷰에서 "아이가 얼마나 학원에 가기 싫었으면 그랬을까" 하고, 오히려 "아이한테 미안한 마음이 들었다"고 한다. 부모는 시를 제대로 이해하고 있는 것이다. 실제로 창작자도 "아주 밝고 씩씩하게 자라고 있다"고 한다. 어린이에게 시 쓰기가 가져온 효과이다. 시는 이런 것이다. 복잡하고 어두운 마음을 글로 고백하여 마음을 후련하고 밝게 하는 것이다. 그래서 시는 고백의 양식이다. 글쓰기, 시 쓰기는 마음을 치유하는 효과가 있다. 오래전 서양의 철학자는 문학이 갖는 효용에서 감정의 발설(카타르시스)을 꼽았다. 「학원 가기 싫은 날」은 감옥 같은 세상에서 갇혀 사는 어린이의 고통스러운 감정 발설이다. 이러한 발설을 억압한다면 어린이는 물론 사회는 건강하게 성장하지 못할 것이다. 더하여 시인은 잠수함 속의 토끼와 같은 존재다. 시를 통해 우리 사회의 문제 가운데 하나인 학원교육의 위험수위를 알리고 있다. 진정한 어른이나 사회라면 교육제도의 위험을 알리는 이런 시를 통해 교육제도나 사회체제를 바꾸려는 노력을 해야 한다.

시 「학원 가기 싫은 날」은 한국의 교육제도를 비판하는 사회적 의미도 상당하다. 이 시는 아이들을 어려서부터 학원지옥, 입시 지옥에 내던지는 비정상의 어른과 사회에 던지는 경고이고, 이런 관습에 상상력으로 반응한 사회적 산물이다. 창작자의 개인적인 아픔과 분노를 사회전체로 얼마든지 확장시킬 수 있는 작품이다. 아울러 어린 시인의 시적 기량도 나이에 맞지 않게 대단하다. 이미 원로인 나태주 시인은 표제작 「솔로 강아지」에 나오는 "외로움이 납작하다"에 부분에 대하여 '언어감각'이 있다고 평가하였다.

> "우리 강아지는 솔로다/ 약혼 신청을 해 온 수캐들은 많은데/ 엄마
> 가 허락을 안 한다/ 솔로의 슬픔을 모르는 여자/ 인형을 사랑하게 되
> 어 버린 우리 강아지/ 할아버지는 침이 묻은 인형을 버리려 한다/ 정
> 든다는 것을 모른다/ 강아지가 바닥에 납작하게 엎드려 있다/ 외로움
> 이 납작하다"
> —「솔로 강아지」 전문

언어감각뿐만 아니라 구성도 거의 완전하다. 잘 쓴 시이다. 화자는 엄마를 강아지들의 생리적 욕구조차 통제하는 "슬픔을 모르는 여자"로 표현한다. 인정머리 없는 엄마의 통제로 강아지가 선택하는 놀이대상은 체온이 없는 '인형'일 뿐이다. 그러나 이것

조차 할아버지는 침이 묻었다고 버리려 한다. 따뜻해야 할 엄마와 너그럽고 자상해야 할 할아버지는 강아지에게 통제와 강압을 집행하는 어른이다. 그래서 강아지는 외롭다. 외로운 강아지는 어린 창작자의 투사물이다. 강아지를 통해 자신의 외로움을 표현하고 있다. 이처럼 이순영 양의 동시들은 진중권의 말대로 그 동안 우리가 보아온 매너리즘에 빠진 '뻔한 동시'가 아니다. 잔혹 동시가 아니다. 비정상의 어른과 비정상의 사회에 던지는 어린이의 순수한 마음의 표현이다.

인간적 동일자로서의 여성 시인의 한 풍경

—'그녀'가 바라본 '공포'와 그 안에 갇힌 '우리'

김 남 석 문학평론가 · 부경대 교수

본래부터 공포나 잔혹한 심리는 '자기 바깥'에 존재하는 것들이 아니었다. '자기 내부'에 이미 존재했던 것들 중에서 좀처럼 이해되지 않는 것들이, 그 모양을 바꾸어 우리의 내면에 심리적 둥지를 틀며 기괴한 형상으로 내려앉곤 했는데, 그 과정을 너무 낯설게 느낀 인간의 자아는 기괴한 감정을 외부로부터 온 것이라고 단정했고(단정해야 했고), 그것에 해당하는 외부적 형상물을 임의로 결정하여 그것을 경계하고 멀리하려고 했다. 그렇게 생겨난 것이 '야만인'이고, '괴물'이고, '타자'이다. 우리 안의 야만성이 야만인을 만들었고, 우리 안의 억제되지 않는 본성이 사물에 투영되어 괴물이 되었으며, 지성과 문명으로도 소멸시킬 수 없는 적대감이 타자를 규정했고 결국 처벌하고자 했다. 가령 우리가 어떤 괴물을 두려워한다고 할 때, 그 괴물은 '나의 밖'에 있는 것이 아니라, 원래 '나의 안'에 존재했던 것이다. 외부의 사물로서 나를 위협하는 존재가 아니라, 내가 미처 알지 못했던 자아 내부의 어떤 부분이 나의 마음 안에 다시 자리 잡는 과정에서 두드러지게 부각되어 나타난 존재라고 하겠다.

그러한 측면에서 공포나 잔혹은 '나'의 일부이다. 이순영의 동시―사실 이 시를 동시라고 부르는 것이 적절할지는 모르겠으나―는 공포나 잔혹을 자신의 일부로 받아들이려는 한 주체의 노력이다. 그러니까 멀리 있는 어떤 것을 생각한다기보다는 자신의 근처, 혹은 자신의 내부에 있는 이해할 수 없는 것들을 생각하며 쓴 솔직한 마음의 표현인 셈이다. 표제작 「솔로 강아지」를 예로 들어보자.

이 시에서 시인(소녀)이 바라보고 있는 대상은 강아지이고, 그것도 암컷 강아지이다. 이 암컷 강아지는 '둘이 되는 기쁨'을 박탈당한 상태이다. '흘레'라고 부르며 드러내놓고 언급하기를 꺼려하는 성적 교미를 차단당하였으니, 본능에 충실한 암컷 강아지로서는 슬픔과 상실감에 사로잡힐 수밖에 없었다. 그리고 이러한 솔로의 슬픔을, 또 다른 솔로가 쳐다본다. 이 한 명의 솔로가 소녀, 즉 시인이다.

시인이 강아지를 바라보는 시선에는 복잡한 성적 본능의 실타래 혹은 이를 바라보는 시선이 개입된 흔적이 있다(어린 소녀에게서 성적 본능을 운운하면, 아마 부도덕하다고 욕할지 모르는 사람들도 있겠지만, 이것은 엄연한 문학적 진실이다). 시인은 솔로가 된다는 것이 슬픈 일이며, 완전한 상대가 아닌 불완전한 상대('인형')를 상대할 수밖에 없는 행위가 '외로운' 행위라는 사실을 문학적으로 이해하고 있다. 시의 도덕성을 논하는 이들에게는 이러한 이해 행위 자체가 불경스러운 일일 테지만, 이것은 이 시가 '시'가 되는(될 수 있는) 가장 중요한 이유라고 할 수 있다.

더구나 시인이 취하는 시적 포즈와 암시는, 묘하게 삽입된 한 줄의 시구—즉 '솔로의 슬픔을 모르는 여자'라는 구절—로 인해 시 문면 너머로 확대/심화될 여지마저 간직하고 있다. 이 시의 전문을 다시 읽어보자.

> 우리 강아지는 솔로다
> 약혼 신청을 해 온 수캐들은 많은데
> 엄마가 허락을 안 한다
> 솔로의 슬픔을 모르는 여자
> 인형을 사랑하게 되어 버린 우리 강아지
> 할아버지는 침이 묻은 인형을 버리려한다
> 정든다는 것을 모른다
> 강아지가 바닥에 납작하게 엎드려 있다
> 외로움이 납작하다

앞뒤 문맥을 연결하면, 3연의 '솔로의 슬픔을 모르는 여자'는 '엄마'일 수 있다. 엄마는 암컷 강아지나 시인과 달리 '두엣이 되는 기쁨을 아는 여자'이기 때문이다. 다시 말하면 암컷 강아지

혹은 이러한 대상에 자신의 생각을 투영하고 있는 시인-소녀는, 솔로의 슬픔을 아는 여자에 속한다고 하겠다. 이 시는 내적으로 교류하는 이항 대립을 통해 "강아지 : 엄마 = 솔로 : 두엣 = 자신 : 엄마 = 슬픔 : 기쁨(슬픔을 모르는)"이라는 도식을 은밀하게 그려내고 있다

이것은 시인이 가지고 있는 생각의 두께가 어른들이 일상적으로 생각하는 아이의 수준을 이미 넘어, 사물 너머 인간과 동물의 기본적인 욕망과 정념에 깊숙이 개입할 정도임을 증명한다고 하겠다. 그러니 이러한 문학적 자아를 가진 이 시인은 더 이상 소녀라고 할 수 없다. 이 시인은 소녀가 아니었고, 설령 소녀라고 해도 일반적인 소녀라고 할 수 없으며, 더욱 확대하면 우리가 생각하는 조숙함의 범위를 넘어서서 한 명의 여인으로 대접받아 마땅한 정신세계를 이미 구축한 시인이다. 그녀의 육체적 연령은, 그녀의 문학적 창조 행위 앞에서는 아무런 제약이 될 수 없다는 것이다.

하지만 '우리-어른들'은 그녀의 물리적 연령에 우리 스스로의 생각을 속박하고, 그녀와 그녀를 둘러싼 환경을 공포와 잔혹 혹은 경이와 상찬으로 받아들였다. 그것은 외부의 대상이 우리에게 던져준 것이 아니라, 우리의 내면에 있는 것들—그 중에서 좀처럼 이해되지 않는 것들—을 스스로 소환하여 우리 스스로 획책한 어떤 결과물에 불과하다. 그 나이의 아이라면 마땅히 이러해야 한다는 생각이 어른들을 규정했고, 그 규정을 넘어서는 현

상을 발견했을 때 우리는 이를 공포와 잔혹으로 몰아붙여 우리가 생각하는 이성의 범위 한 가운데에서 축출하려고 한 것이다. 이 것이 이순영 필화 사건을 둘러싼 솔직한 반성이라고 할 수 있다.

지금까지의 논의 역시 비슷했다. 이순영의 시를 상찬하거나 옹호하는 시각도 궁극적으로 그녀의 시를 동시의 수준에서 볼 때 높은 수준에 오른 시라는 일정한 한계를 설정하고 논의를 펼치고 있다. 그녀의 시를 부정적으로 비판하는 시각은 더욱 말할 것도 없다. 그녀를 둘러싼 많은 논쟁과 주장들은 나름대로 타당하겠지만, 긍정적이든 부정적이든 '아이'라는 한계를 인정하고 그 안에서의 논리와 주견을 펼쳤다는 데에 문제가 있다. 즉 아이이기 때문에 이러한 감정을 드러내는 것이 문제이고, 거꾸로 아이이기 때문에 이러한 감정을 드러내는 것이 놀랍다는 것이 상찬과 옹호의 골자였던 셈이다.

하지만 그녀의 시—더 이상 '동시'라고 부르는 것은 무의미하며 이 논쟁을 바라보는 데에 적합하지 않다—는 아이의 문제에서 이 혼란을 바라보는 것을 허용하는 시가 되어서는 곤란하다고 판단된다. 우리가 받아들이기 편한 개념으로 한다면 동시의 놀라운 진전이겠지만, 시각을 달리하면 처음부터 시에 대한 정직한 접근에서 다시 출발해야 할 것이기 때문이다. 그녀의 시는 육체적 연령과 관련 없이 세상을 살아가는 한 여성이 느낀 본능과 그 외부적 투사체로서의 강아지에 대한 정직한 언급이었고, 이러한 본능과 언급은 기존의 여성들에게 공감하는 면이 크다는 점에서 문학적 울림을 지닌 시가 되었다.

멀리서 하나의 예를 끌어와 보자. 1920년대 조선에는 동극이 유행하였다. 경성과 지역의 소년소녀들은 기독교 단체나 청년회를 중심으로, 너도나도 학예회 형식을 빌린 아동극을 무대에 올렸고, 지역과 인근의 어른들은 대견한 심정으로 그(녀)들의 공연을 관람했다. 공연의 성공 여부와 관계없이 박수를 쳤고, 칭찬을 했고, 후원을 했고, 그리고 자랑스러워했다. 소녀들이 어떤 것을 공연해도, 심지어는 전문 연극에 육박하는 프로그램을 개발해도 이러한 태도는 변하지 않았다. 왜냐하면 한 동안 그녀들의 연극은, 어른들이 생각하는 (아)동극의 범주 안에 있었기 때문이다.

하지만 이러한 소녀가극의 유행은 곧 상업적인 연극의 유행을 자극했다. 무대 위의 소녀들은 갑자기 처녀들이 되었으며, 그로 인해 조선의 관객들은 늘씬한 다리와 벗은 몸매를 보기 위해서 몰려들었다. 그 중에는 뛰어난 미모로 인해 연예인 대우를 받는 이들도 생겨났다. 더 이상 동극이 아니었고, 그녀들은 어제의 소녀들이 아니었다. 하지만 그 실제 차이는 매우 미미했고, 심지어는 연령차도 그렇게 두드러지지 않았다. 변한 것은 동극을 바라보는 어른들의 마음이었다.

이후 동극은 하나의 양식이 되었고, 같은 동극을 공연해도 하나의 양식으로 정립된 동극은 일반 연극의 일부로 취급되어 정식으로 연극계에 정착되었다. 백짓장 같은 차이가 그(녀)들의 연극을 바꾸었음에도, 사람들은 그 차이에는 주목하지 않았다. 어차피 처음부터 그 시작은 '아이-소녀' 대 '여인-처녀'라는 인식적 가름에서 연원했기 때문이다.

　이순영의 시를 동시로 이해하는 이들에게 그녀의 시는 놀랍고 때로는 잔혹할 수 있다. 어떻게 어린 아이가 이렇게 놀라운 표현과 사고를 드러낼 수 있는지에 대해 감탄할 수도 있고, 거꾸로 어떻게 이렇게 잔혹한 표현을 사용할 수 있는지 혐오스러워 할 수도 있을 것이다. 하지만 그녀의 시를 동시의 범주가 아닌, 기존의 시로 읽는 이들에게는 정직한 대답만 남게 된다. 그녀의 시는 자체로 솔직하고, 예리하고, 정곡을 찌르는 면을 갖추고 있었다. 함께 생각하고 다루기에는 면구스러운 사실을 과감하게 언급하고 있으며, 무언가를 감추려는 세상과 자신과 마음의 일부를, 다시 자신의 마음속에 받아들이는 과정이라는 것을 인정하도록 유도했다. 그러니 어떻게 이러한 시를 쓸 수 있느냐고 묻기 이전에, 우리 마음에도 분명 잔존하는 부정적인 것—가령 성적 욕망이나 외로움 혹은 무언가에 대한 갈망—을 다독이고 수용하여 우리 안에 통합하려는 마음이 있다는 것을 먼저 인정해보자.

　이순영의 시가 진정 '무서운' 점은 이러한 인정을 자연스럽게 불러일으킨다는 점이다. 그것은 어린 아이가 쓴 시이기 때문이 아니고, 일부에서 언급하는 것이 야릇한 동시이기 때문이 아니다. 그녀의 시 자체가 지닌 인간으로서의 너무 놀라운 동일성 때문이다. 적어도 나는 그러했고 많은 이들이 또한 그럴 것이라고 생각한다. 이러한 속성은 오랫동안 문학의 기본적 권리였고, 또 임무였다. 본래부터 그러했던 것이다.

(동)시의 눈에는 세상이 매일매일 다르다

김 언 시인

동시 얘기를 하기 전에 다른 얘기부터 먼저 해야겠다. 프랑스의 한 시인에 대한 얘기다. 프랑시스 퐁주. 시를 업으로 삼는 사람들 사이에선 '사물의 시인'으로 잘 알려져 있는 시인. 그러나 시를 업으로 삼는 사람이 아니라면 여전히 낯선 이름, 프랑시스 퐁주. 사실 그의 시는 쉽게 읽히는 편이 아니다. 시의 내밀한 지점까지 접근하려면 꽤 긴 인내심을 발휘해야 할 때가 많다. 가령, 『테이블』이라는 시집을 예로 들 수 있겠다. 시집 전체가 테이블에 바쳐지고, 테이블을 얘기하고, 테이블로 시를 쓰고 있는 한 권의 시집이자 한 편의 시. 1967년부터 1973년까지 테이블에서 시작하여 테이블로 돌아오는 자신의 생각을 거의 일기처럼 쓰고 고치고 다듬기를 반복한 역작. 테이블에 대해, 테이블이라는 사물과 이름에 대해 고집스럽게 달라붙어서 써내려간 이 시집에서 범상한 독자들이 매력을 가질 만한 곳은 그리 많지가 않다. 그 와

중에 힘겹게 한 대목을 끄집어내 본다.

대패질이 잘되어 매끈하고 두께가 최소 이 센티미터 되는 한 개 혹은 여러 개의 나무판을 붙여 만든 왁스나 니스 칠을 한 수평적인 테이블. 펜으로 보면 그것은 땅이다.

펜의 입장에서 보면 땅으로 보일 수도 있는 테이블. 그리고 시집에서 가장 무난하게 옮길 만한 대목. 그만큼 난해하다는 뒷말이 자주 따라붙는 시인. 퐁주의 시는 그러나 프랑스 초등학교 교과서에 실려 있을 만큼 아이들에게 친근한 시이기도 하다(시집 『테이블』의 한국어 역자가 전하는 말에 따르면 프랑스 초등학생들이 가장 좋아하는 시인이 바로 퐁주란다).

일견 난해해 보이는 퐁주의 시가 초등학생들에게 무리 없이 다가설 수 있는 이유는 간단하다. 그것이 난해하지 않기 때문이다. 아이들처럼 사물을 처음 대하듯이 보고 느끼고 기록하는 것, 몇 년에 걸쳐서라도 새로 고쳐서 보려고 노력하는 것, 그것이 퐁주의 시였고 또 시를 쓰는 태도였다. 마치 아이들이 매일같이 생각을 고쳐가면서 성장하듯이. 성장한 뒤에도 그 생각이 굳어지지 않고 계속 눈과 귀를 열어놓기를 바라는 것. 퐁주가 생각하는 시는 결국 끊임없이 변해가는 아이들의 시선과 다르지 않았다.

퐁주의 시관에 동의하는 나 역시 아이들의 시선과 다르지 않은 곳에서 시의 정의와 의의와 가치를 찾으려고 한다. 똑같은 사물이라도 매일같이 새로 고쳐서 보고 생각하고 기록해가는 것. 그것이 내가 생각하는 시이며, 내가 생각하는 동시도 어쩌면 그와 크게 다르지 않을 것이다. 늘상 보는 사물에 대해 어떤 생각이든 고정되지 않기를 바라는 시선에서 나오는 말. 생각이 고정되지 않아서 오히려 술술 풀려나오는 말. 그것이 동시이고 또 시가 아닐까.

　이런 생각을 곁들이면서 최근에 출간된 동시집 한 권을 읽는다. 출간되었다가 한 달여 만에 전량 회수되어 폐기되는 우여곡절을 겪은 시집. 바로 『솔로 강아지』(이순영 지음, 가문비어린이, 2015) 라는 동시집이다. '전량 폐기'라는 말이 상징적으로 집약하듯, '잔혹 동시'라는 이름으로 이 시집을 둘러싸고 벌어졌던 온갖 소란스러운 사태에 대해선 새삼 더 말을 거들고 싶지 않다. 일어날 필요도 이유도 없는 소란이 한순간 격하게 일어났다가 또 언제 그랬냐는 듯 빠르게 망각 저편으로 넘어가버리고 있는 사태에 대해, 다만 한 가지 사실은 짚고 넘어갈 필요가 있다. 적어도 우리나라에선 동시에 대해서, 동시의 주 독자층인 아이들에 대해서 이런 관념이 절대적으로 우세하다는 사실. 어떤 관념이냐면, 아이들은 티 없이 맑고 순수해야 한다는 관념. 그래서 아이들을 대상으로 읽히는 동시 또한 당연히 맑고 순수한 내용이 담겨야 한다는 막연하고도 막강한 고정관념. 그러한 고정관념이 상상한 것 이상으로 훨씬 강하고 드세다는 걸 이번 일을 지켜보면서 새삼 확인할 수 있었다. 물론 그러한 고정관념의 맹점을 지적하고 반대하는 의견도 충분히 있었다. 어른들의 막연한 기대와 달리 아이들의 내면 역시 어른들 못지않게 더럽고 치사하고 때로는 잔인할 수도 있다는 의견에서, 동서양의 구전동화에도 종종 등장하는 잔혹한 장면을 고려하면 문제의 잔혹 동시가 그리 대수로울 것도 없다는 의견, 엽기적이고 패륜적이기까지 한 그 시를 우리 사회의 병든 지점을 짚어내는 한 편의 우화로 읽어야 한다는 의견까지 다양하게 개진된 반대편의 목소리를 들을 수 있었다.

경청할 것도 곱씹을 것도 많은 여러 목소리들 틈에 하나의 의견을 덧보태자면, 바로 동시라는 장르를 바라보는 눈이다. 시라는 장르를 바라보는 눈과도 결코 별개일 수 없는 그 눈에서 거듭 강조하고 싶은 것이 있다. 앞서 퐁주의 사례에서 잠깐 언급했듯이, 우리 앞에 펼쳐지는 세계를 매번 다시 보고 다시 생각하고 다시 말하고자 하는 자세에서 시가 비롯된다는 사실. 시뿐만 아니라 우리가 동시에서 기대할 수 있는 최고치의 표현도 어쩌면 세상을 매일 새롭게 보는 한 아이의 엉뚱한 시선에서 비롯될 수 있다는 사실. 한 아이의 엉뚱한 시선에서 튀어나온 동시 한 편은 물론 어른들이 쓴 시에 비해 깊이 있는 세계를 담아내지 못할 수도 있다. 농익거나 무르익지 않은 표현이 들어갈 수도 있다. 그러나 우리가 한 아이의 시에서 기대할 것은 농익거나 무르익거나 깊이 있는 세계가 아니다. 비록 튼튼한 뿌리와 줄기를 갖추지 못했어도 새순처럼 돋아난 말 한마디에서도 우리는 전혀 색다른 경험을 할 수 있다.

어쩌면 우리가 동시를 읽으면서 기대할 수 있는 매력도 그와 무관하지 않을 것이다. 오히려 어설프게 어른들의 시를 흉내 내는 표현, 설혹 농익거나 무르익어서 나오더라도 이미 어른들의 시가 개척해놓은 길을 충실히 따라서 나오는 표현이라면 그 조숙한 솜씨에 탄복할지언정 살짝이라도 뒤통수를 얻어맞은 듯한 충격은 경험하기 힘들 것이다. 아이들의 말에서 우리가 놀라는 순간은 우리가 미처 생각해보지 못했거나, 생각했더라도 까마득한 망각 너머로 사라져버렸거나, 늘 생각하고 있어도 무의식중에 스스로 억압하고 있는 어떤 말을 문득 새삼스럽게 들었을 때이다. 그런 말이 아이의 입에서 툭 튀어나왔을 때 우리는 칭찬이나 꾸지람 따위를 떠올리기 전에 작은 충격부터 받는다. 동시도 마찬가지다. 물론 시도 마찬가지다. 어떤 가치 판단을 하기 전에 크든 작든 충격을 안기면서 전해오는 말. 그 말이 좋아서 시를 쓰고 읽는 사람들이 아직도 우리들 주변에 남아 있는지 모르겠다. 그 말이 튀어나오는 걸 좋아하는 아이들이 있어서 인류에게는 아직 시인이라는 혈통이 남아서 흐르는지도 모르겠다.

그런가 하면 아직 아이인데도 일찍부터 어른스러운 생각과 행동과 말을 하는 친구들이 있다. 어떤 경우엔 어른보다 더 어른스러운 태도를 보이는 그들에게서 우리가 먼저 떠올리는 말은 칭찬이다. 참으로 기특하고 대견스러운 마음에 머리를 쓰다듬으며 아낌없이 칭찬의 말을 한다. 그러나 이것은 흐뭇한 이야깃거리는 될지언정 놀라움을 주는 일은 아니다. 당연히 시의 일이 아니다. 물론 동시의 일도 아니다. 동시는, 그리고 시는 기성의 세대가 걸어간 길을 앞장서서 따라가려고 존재하지 않는다. 그렇다고 무작정 반대하려고 있는 것도 아니다. 반항 또한 성숙을 위한 밑거름으로 종종 편입된다는 점에서 성숙의 짝패이자 한 패이기 쉽다. 시는 때 이른 성숙과 거리를 두듯이 대책 없는 반항과도 거리를 둔다. 시는 매번 똑같아 보이지만 매번 다른 것이 분명한 사물 앞에서 고개를 갸우뚱하는 데서 시작한다. 어제까지는 저렇게 보였는데 오늘은 왜 이렇게 보이는 걸까? 뭐가 달라진 걸까? 왜 달라진 걸까? 끝없는 호기심과 더불어 세심한 관찰력까지 동반해야 가능한 저 질문이 한편으로 시를 가능케 하는 질문이다. 시를 비롯하여 모든 창조적인 작업의 가능성을 품고 있는 저 질문 앞에서 얼마나 많은 선각자들이 고개를 갸우뚱거리며 눈빛을 반짝였을까? 그 눈빛이 있어서 인류는 매번 다른 역사를 걸어올 수 있었다. 만약 누군가가 역사는 그래 봤자 결국 반복되는 것이 아니냐고 고개를 갸우뚱하며 반문한다면, 반복도 차이를 전제로 할 때 가능한 것이라고 들려주고 싶다. 고명한 철학자의 이름을 새삼 빌리지 않더라도, 차이가 없는 반복은 답습이고 정체이고 결과적으로 절멸의 길이라는 말도 함께 들려줄 수 있겠다.

　요컨대 문제는, 매번 다시 보는 것이고 다르게 보는 것이다. 시에서도 동시에서도 기존의 시각과는 다르게 보려는 태도. 그러기 위해서라도 호기심과 관찰력이 무엇보다 중요한 곳에 시가 있고 또 동시가 있다는 사실을 감안하면 기존의 동시에 대한 우리의 생각도 조금은 달라지지 않을까. 그런 점에서 본의 아니게 필화 사태(?)를 겪으면서 수많은 사람들에게 회자된, 그러면서 정작 시집 자체는 거의 읽히지 못한 『솔로 강아지』에 대한 생각도 살짝 다른 관점에서 접근해볼 수 있겠다. 가령, 논란의 중심에 섰던 「학원 가기 싫은 날」이라는 시는 내용상의 잔혹함을 제외하고는 오히려 별다른 논란이 될 것이 없는 작품이다. 시집의 표제작인 「솔로 강아지」도 중성화 수술을 받은 "우리 강아지"에 대한 연민의 정서가 꽤 완숙해 보이는 시적 표현과 함께 잘 드러나 있지만, 이 또한 열 살의 아이치고는 기특한 솜씨를 지녔다는 걸 확인하는 것으로 충분해 보인다. 대신에 내가 눈을 반짝거리며 흥미롭게 읽었던 시들은 따로 있다. 가령 이런 시.

> 밥을 안 먹고 있을 때
>
> 엄마는 용돈을 깎는다
>
> 오래 자고 있을 때
>
> 엄마는 텔레비전 리모콘을 없앤다
>
> 방 청소를 안 하고 있을 때
>
> 엄마는 순둥이를 집 밖으로 쫓아낸다
>
> 순둥이는 뭔 죄가 있나?
>
> 나는 뭔 죄가 있나?
>
> ─「죄와 벌」 전문

이 시에서 무릎을 치듯이 살짝 뒤통수를 치는 대목은 마지막 연이다. 엄마가 만든, 엄마라는 어른이 만든, 어른이라는 인간이 만든 죄와 벌의 논리는 저 시에 등장하는 아이에게만 해당되는 것이 아니다. 인간이 만든 죄와 벌의 논리와 하등 상관이 없는 사물과 생물에게도 마찬가지로 적용이 되는 것이다. 더구나 그들의 입장에서는 충분히 억울하다 싶게 징벌의 도구로 동원되기까지 한다. 이 시의 화자는 그걸 의아하게 받아들이면서 되묻는다. 단지 강아지일 뿐인 순둥이는 도대체 뭔 죄가 있냐고. 그리고 한 가지 질문을 더 터뜨린다. 나는 뭔 죄가 있냐고. 기껏해야 밥을 제때 안 먹고 늦잠을 자고 방 청소를 게을리 한 것뿐인데 말이다. 그리고 보면 내 죄는 내가 만든 것이 아니라 인간이라는 거대한 타자가 미리 만들어놓은 것이며, 거기서 어긋나면 가해지는 징벌도 나의 뜻과 상관없이 남의 손에서 이루어지는 경우가 대부분이다. 아무것도 모른 채 순둥이가 징벌의 도구가 되는 것처럼 나 역시 나와 상관없이 만들어진 죄와 벌의 논리에서 결코 자유로울 수 없다. 그것이 세상의 논리다. 그 논리를 받아들이지 못한다면 끝내 사회 부적응자로 찍힌 채 살아가야 할 것이다. 설사 사회에 적응하더라도, 죄라는 게 왜 필요한지를 모르는 저 질문만큼은 끝까지 해명되지 못한 채 세상 어딘가를 내내 떠돌 것이다. 떠돌고 떠돌다가 저렇게 한 아이의 입을 통해서 문득 되살아나서 올라오는 질문에 대해선 여전히 유보된 답변이 기다리고 있을 것이다. 유보되면서 다시 새로운 질문이 나올 때까지 저 시의 근처 어딘가를 맴돌고 있을 것이다.

나는 그것이 반갑다. 함부로 답변하지 않고 손쉽게 결론을 내리지 않고 계속해서 질문하는 시선을 가지는 것. 끝도 없는 답을 전제로 끝도 없는 질문을 이어가는 것. 나는 이번 시집뿐만 아니라 이 어린 저자의 이 다음 시집에서도 그 다음 시집에서도 그런 질문이 고갈되지 않고 계속 튀어나오기를 바란다. 예컨대 "모든 시에서는 피 냄새가 난다"(「내가 시를 잘 쓰는 이유」) 같은 거대하고 심오한 선언보다는 다음과 같이 소소하고도 엉뚱한 질문이 동반된 시에 더 마음을 **뺏긴다**.

막 쳐
아무렇게나 써 버려
아이디어가 떠오르지 않을 땐
막 써
제목은 꼭 제목다워야 하나
나는 꼭 이순영다워야 하나
— 「HFUIDSHGFXIU」 전문

이처럼 생뚱맞고도 오래 머릿속을 맴도는 질문이 가능하기 위해서는 호기심도 호기심이지만, 순간적으로 사물의 이면을 짚어내는 관찰력과 상상력이 계속해서 살아남아야 한다. 또 그러기 위해서라도 세상을 매일같이 새롭게 보려는 눈이, 새순처럼 피어나는 그 눈이 죽지 않고 계속 올라와야 한다는 사실을 한 번 더 강조하면서 글을 맺는다.

동시의 정치학
—「학원 가기 싫은 날」 논란이 남긴 것

김 대 현 문학평론가

말해지지 못한 것

얼마 전의 일이다. 한 어린이가 쓴 동시 한 편이 세간에 화제가 되었다. 「학원 가기 싫은 날」이라는 제목이 달린 이 동시는 아이가 엄마에 대해 가지는 강한 적대감과 그를 해소하는 방법으로 엄마를 잡아먹겠다는 내용이 담겨있었다. 동시가 가지는 소재와 표현이 사람들의 내면에 견고히 자리한 금기를 거스르는 만큼 이는 곧바로 한국사회 일각에 격렬한 논쟁을 일으켰다. 그 동안 사회의 중심의제에서 소외되어 왔던 문학이 오랜 만에 이슈의 주인공이 된 것이다. 하지만 폭발력을 가지고 있는 주제와는 달리 토론의 내용은 생각보다 그리 생산적이지 못했다.

해당 어린이의 동시를 부정적으로 보는 측에서는 즉각적으로 동시에 '잔혹'이라는 부정적 프레임을 씌운 채 동시가 비윤리적인 것은 물론 대상독자로 상정된 다른 어린이의 정서에 악영향을 미치므로 폐기되어야 한다고 주장하며, 이를 긍정적으로 보는 사람들을 잔혹성을 옹호하고 사회질서를 교란하는 패륜적인 집단으로 표현했다. 반면 그들의 반대편에서는 어린이들이 총을 쏘고 적군의 목을 칼로 베는 게임에 열광하는 시대에서 어린이들을 마냥 순수함의 결정체로 판단하는 것은 현실을 파악하지 못하는 어리석은 일이며, 예술 표현의 자유를 이해하지 못하는 이른바 '꼰대'로 지칭했기 때문이다.

다시 말해 논의의 방향이 어린이의 동시가 제기한 근본적인 문제 상황들에 대한 다양한 의견의 스펙트럼을 형성한 것이 아니라 서로에 대한 증오의 수사의 교환에 지나지 않았다는 말이다. 덕분에 더 치열하고 심도 있게 전개되었어야 할 논쟁은 동시에 대한 옹호 아니면 반대라는 양극화된 지점에서 언성만 높인 채 동시가 실린 책이 전량 수거되어 폐기라는 최악의 형태로 종결되고 말았다. 안타까운 일이다. 그러므로 이하에서는 그때 말해져야 했지만 말해지지 못했던 논의들이 무엇인지에 대하여 간단히 살펴보도록 한다.

제도로서의 어린이

논란이 된 동시를 긍정적으로 인식하기 위해서는 어린이라는 관념이 고정된 것으로서 불변의 것이 아니라, 철저하게 역사적으로 구성된 사회적 구성물이라는 것에서 논의를 시작하는 것이 도움이 될 것이다.

어린이는 언제나 천진난만하고 순수해야 한다고 믿는 사람들에게는 조금 미안한 이야기지만, 필립 아리에스나 가라타니 고진의 연구에서 확인할 수 있듯이, 그런 형태의 어린이가 독자적인 생애주기를 가지는 독립된 주체로서 인식되기 시작한 것은 사실 그렇게 오래된 생각은 아니다. 어린이가 지금의 형태로 인식되기 이전의 '어린이(?)'들은 성인에 비해 비교적 덩치만 '작은 어른'으로서 어른들의 문화를 그대로 수용하는 상황에 노출되어 있었다. 당시의 어린이들은 전쟁터에 나가 사람을 베는 것은 물론, 어린 나이에 성적관계를 체험하는 것도 흔한 일이었다. 아직도 세계 곳곳에 남아 있는 소년병과 조혼풍습을 생각한다면 이를 상상하는 것은 크게 어렵지 않을 것이다.

그러므로 이 시기의 어린이들에게 잔혹한 것 또는 성적인 것에 대한 금기는 애초부터 부재하는 것이며 그들이 어른과 구별되는 특별한 보호의 대상이라는 관념 또한 존재하지 않는다. 논란이 된 동시에 부정적인 자들이 주장하듯이 잔혹함을 배제한 선량함과 성적 욕망의 충동을 제거한 순결함이 생래적으로 어린이에게 내재된 윤리적 기준이 아니라 후천적으로 부착된 것에 지나지 않는다는 말이다.

요컨대 지금의 어린이에게 부과된 윤리적 기준 또한 절대적인 필연성을 가진 것이 아니며 언제든지 역사적 문화적 상황의 변화에 따라 변동될 수 있다는 이야기다. 또한 한 사회의 윤리적 표준이라는 것은 그 시대를 지배하는 권력의 태도이기도 하다. 무언가를 지켜야 하는 자만이 타인으로 하여금 윤리적 태도를 요구하는 것이다. 혁명에 윤리가 요구되지 않는 이유이다. 그러므로 어린이에게 특정한 윤리적인 속성만을 학습시키고 강화시키는 것은 현재의 사회체제를 어느 한 지점에 고착시키는 역할을 수행하는 것으로서 반동적인 성격을 가진다. 푸코 식으로 표현하자면 어린이라는 무한한 가능성을 가진 '자율적 주체'를 당대의 지배적인 질서에 순응하는 '타율적 객체'로 환원함으로써 복종이 내면화된 '순종적인 신체'를 생산해내는 것이다.

하여, 지금의 어린이에게 부과되었던 윤리적 기준을 송두리째 배반한 동시가 사람들의 환호를 불러 온 근원적인 이유는, 단순한 표현의 생경함과 잔혹함에 있는 것이 아니라, 현 체제가 일방적으로 부여하는 질서를 붕괴시킬 수 있는 전복적 상상의 가능성을 목격했기 때문이다. 동시에 대한 긍정적인 의견들이 주로 정치적 진보와 결합하는 이유이기도 할 것이다.

문명화 과정

흥미로운 것은 해당 동시에 대해 부정적인 견해 또한 긍정적인 견해와 마찬가지로 어린이의 관념이 인위적으로 형성된 것이라는 사실에서 도출할 수 있다는 점이다. 이는 시대가 요구하는 윤리적 기준을 정립하고 그에 복종하는 것이 반드시 부정적인 것만은 아니라는 생각에서 연유한다.

예컨대 근대 이후 어린이의 관념이 형성되기 이전으로 돌아간다고 생각해보자. 아직 문명이 발달하지 않아 어른과 분리되지 않은 '작은 어른'들이 무기를 들고 잔혹하게 서로를 죽이며, 2차 성징이 발현되지 않은 어린이들이 자유로이 성적 접촉을 가지는 시기로 말이다. 이는 지금의 윤리적 기준에 복종하는 사람들로 하여금 어떤 불쾌함과 거부반응을 가져다준다. 그러므로 사람들은 이런 잔혹하고 끔찍한 세계에 어린이를 방치하기보다, 그들이 처한 가혹한 환경을 개선하려 한다. 그 과정에서 공격성이나 성욕과 같이 사람이 가지는 몇몇 본능들은 통제되고 억압된다. 어린이는 자신에게 내재된 몇몇 욕망을 포기하는 대신 조금 더 안전한 삶을 보장받는다. 체제에 대한 복종을 대가로 체제로부터 보호받고자 하는 욕망을 실현하는 것이다. '문명화 과정'은 자기 억압의 산물이라는 노르베르트 엘리아스의 통찰은 이에 기인한다.

물론 체제에 순응하지 말자고 하는 자들이 무조건적인 과거로의 회귀를 주장하는 것은 아닐 것이다. 하지만 아무리 인간의 자율성 회복을 주장한다 하더라도 더 나은 대안을 확신할 수 없는 상태에서 어린이의 숨겨진 욕망을 복원하여 체제로부터의 이탈을 꿈꾸는 것은, 기존의 질서를 해체하고 어린이로 하여금 문명화 이전으로 돌아가자는 이야기와 다름이 없는 것으로 여겨진다. 해당 동시에 부정적인 견해를 가진 자들이 주로 정치적 보수층과 친연성을 가지는 숨은 이유이기도 하다.

논쟁 이후

근대 이전의 어린이들은 어른들과 구분되지 않음으로써 위험하고 잔혹한 환경에 그대로 방기되어 있었다. 그럼으로써 어린이는 위험을 대가로 비교적 타인의 간섭 없이 자율적으로 자신의 욕망을 실현할 수 있었다. 반면 오늘날의 어린이는 어른들의 특별한 관심 속에서 체제에 안정적으로 정착하지만 자신의 욕망을 거세당함으로써 체제에 대한 아무런 의문도 품지 못한다. 한 어린이의 파격적인 동시에 대해 사회 전체가 들썩였던 이유는 이런 맥락에서 이해할 수 있을 것이다.

그러므로 당시의 논쟁에서 진정으로 이루어졌어야 하는 것은 동시에 기술된 몇몇 표현에 대한 단순한 찬반논란이나, 수거 후 전량폐기가 아니라, 지금-여기를 지배하고 있는 체제 하에서 오늘의 어린이가 가져야할 미덕이 어떤 것인가의 문제와, 그런 선택을 강제하는 사회구조에 대한 치열한 담론 투쟁이었을 것이다. 하지만 모두가 알다시피 우리는 그러지 못했다. 사람들을 야만의 상태에서 벗어나게 하는 문명화 과정은 아직 완료되지 않은 채 여전히 진행 중인 것이다.

진분수

김 용 우 수필가 · 태평초등학교 교사

　수학 분수 수업. 아이들은 색종이를 자르며 분수의 개념을 스스로 알아냈다. 발견학습 제대로 하네? 분수 문제를 푸는 아이들과 분수 숫자가 함께 눈에 들어온다.

　1/2, 2/3, 3/5은 참, 보기 좋다! 2/1, 3/2, 5/3는 힘들어 보인다! 왜일까? 분모를 내가 가진 모든 능력이라 보고, 분자를 내가 하고 있는 일이라 생각해 보자. 일과 돈의 문제에서 앞은 여유 있을 것 같고 뒤는 버거울 것 같다.

　가분수처럼 살아가는 몇몇 아이들 때문에 마음이 짠하다.

　기철이는 태권도에 재능을 보인다. 전국 대회에 나가서 입상도 여러 차례. 장래희망은 올림픽에 나가서 금메달을 따는 것이고 부모님의 바람도 태권도 사범이다. 평소에 섭취하는 영양보다 지나친 운동으로 몸은 작고 깡말라있다. 언젠가 급식을 먹지 않아 물었더니 대회에 나가기 전에 체급을 낮추려고 굶는다고 했다. 안쓰러운 마음에 엄마에게 전화를 했더니, 먹이지 말란다.

'대회 입상을 위해 아이를 굶기기까지 해야 하나?'

혜원이는 학원을 네 곳이나 다닌다. 학교 옆에 사는 데 걸어서 5분 거리인 집을 6시간이나 걸려서야 간다. 이유는 학구에 있는 학원이란 학원은 죄다 들렀다 가기 때문이다. 하교하면 바로 수학학원, 다음엔 영어학원, 다음엔 미술학원, 다음엔 바이올린학원. 부모님의 퇴근 시간에 맞춰 7시에야 집에 간단다. 집에서도 학원숙제, 논술공부로 편치 않다. 내가 해 줄 수 있는 거라곤 숙제를 안 내주는 것 뿐이다.

바른생활 시간에 가장 좋아하는 일과 싫어하는 일을 발표하는데 혜원이의 발표에 숨이 턱 막혔다.

"친구들과 노는 것이 젤로 좋구요. 학원가는 건 진짜 싫어요."

아이의 엄마는 아이가 노는 꼴을 못 본다. 공부하는 꼴만 봐야 직성이 풀리나 보다.

문득, 나에게 묻는다.

'잘난 김선생, 너는 어찌 했니?'

남부끄럽게 나도 혜원이 엄마와 같은 족속이다. 올해 수능을 보는 아들의 성적을 올린다며 주말에도 여러 명의 과외 선생을 집으로 불렀다. 매달 분에 넘치는 돈을 과외비로 써가며……

아들이 태어나서 처음으로 대들며 한 말이 비수가 되어 귀에 꽂힌다.

"아빠, 주말 오후만이라도 쉬게 해주면 안돼요? 내가 뭐 공부기계냐구. 죽고 싶다구. 죽고 싶어. 정말!"

"고3이 제정신이야? 너 때문에 엄마 아빠 고생하는 거 안 보여?"

아, 후회스럽다!

'아들아, 미안타. 이제부터라도 널 진분수처럼 풀어 줄게.'

되돌아보니 살면서 종종 가분수처럼 능력을 벗어난 일을 하여 불행을 불러들인 일이 많았다. 때로는 아들의 경우처럼 다른 사람에게도 가분수 같은 짐을 지게 했다. 진분수처럼 분수에 맞게 살았더라면 나도 남도 행복하고, 더러는 행운도 따랐을 것을……

진분수처럼 사는 삶. 자신의 능력보다 조금 덜 일하는 삶. 자신이 가진 것보다 조금 덜 욕심내는 삶. 이제부터라도 그렇게 살 일이다.

아이들은 지금 분수 문제를 풀며 무슨 생각을 할까?

'아이들아, 앞으로 세상을 살아가면서 진분수처럼 자신의 능력보다 좀 모자라다 싶게 분수에 맞는 삶을 살아가렴.'

—『청개구리 선생님』(도서출판 지혜)에서

제5부
'잔혹 동시' 논란과 그밖의 이야기들

잔혹 동시집 폐기 사태를 지켜본 두 사람

다음 티스토리 直님의 블로그 기자와 현실 게시판

'直의 시선' 글은 김서윤 http://stjn.tistory.com

'Be의 시선' 글은 이옥현 http://felice1916.tistory.com

直의 시선

'시집'이 아닌 '시선'을 바로잡자.

"넌 너무 어려서 이해를 못 하겠지만……."

"선생님, 내 오랜 경험에 비춰보건대 사람이 무얼 하기에 너무 어린 경우는 절대 없어요. 나는 절대로 정상은 안 될 거예요, 선생님. 정상이라는 작자들은 모두 비열한 놈들뿐인걸요."

이 성숙하고도 깊은 생각이 닮긴 대사의 주인공은 누구일까? 바로, 에밀 아자르의 소설 『자기 앞의 생』에 등장하는 14살짜리 소년 '모모'다. 아마 여러분은 그가 '14살'이라는 말에 기괴한 느낌을 받았을 것이다. 그리고 아마 그것은 10살짜리 소녀가 쓴 잔혹 동시, 「학원 가기 싫은 날」을 읽어보았을 때와 흡사한 느낌일 것이다. 그렇다면 우리는 왜 두 아이에게 그토록 예민한 반응을 보이는 것일까?

우리는 '문화'라는 가치를 앞세워 일부 욕망을 제한하며 사회를 유지, 존속시킨다. 즉 '문화'는 억압과 함께 생겨난다. 여기서 이 '억압'은 독일의 철학자, 허버트 마르쿠제에 의해 두 부류로 나뉜다. 하나는 기본억압이고 다른 하나는 과잉억압이다. 기본억압이란 사회를 유지시키는 데 필요한 만큼만 최소한으로 욕망을 제한하는 것이다. 예로서 아무 곳에나 용변을 보지 못하게 '화장실'이라는 특정 공간을 만들어둔 것을 들 수 있다. 과잉억압이란 유아기 때부터 문화 내에서 예정된 역할을 받아들이도록

조건화하는 과정이다. 예로서 어려서부터 군인은 무조건적으로 복종해야 한다, 동성애는 비정상적인 것이다, 라고 가르침 받는 것을 들 수 있다.

같은 맥락에서 어린아이는 이러이러해야 한다, 는 인식을 심어 놓는 것 또한 과잉억압에, 그리고 그것을 넘어 문화의 범주 안에 포함시킬 수 있다. 때문에 14살짜리 모모의 말에 기괴한 느낌이 드는 것, 10살짜리 소녀가 쓴 잔혹 동시집을 전량 폐기해버리는 것 모두 '어린애'들이 문화적인 것에 어긋나는 일을 저지른 탓이라고 할 수 있다. 물론 어린애들이 그러한 생각을 하는 것이 문화적 차원에서 바라보았을 때, 어렵고 드문 일인 것은 맞다. 하지만 그렇다고 해서 그것들을 모두 '옳지 못한 일'로 치부해버릴 수 있을지는 의문이다. 나 또한 어린애로서의 시기를 지나쳐왔던 사람으로서 단지 나이를 가리키는 숫자가 작다는 이유만으로 문화에 의해 사유와 표현의 자유까지 박탈당하는 것은 정말 억울한 일인 듯하다.

그러나 10살 소녀의 부모님은 패륜아적인 내용까지 포함하고 있음에도 불구하고 그 시집이 출판될 수 있도록 노력했고, 폐기 처분 결정이 난 지금은 가처분 신청까지 했다. 사회에도 이 부모님과 같이 아이들을 그 존재 자체로서 인정해줄 수 있는 너그러운 태도가 필요하다. 이는 사회적, 문화적 기준에 어긋나고 아무리 작은 목소리라 할지라도 귀 기울이려는 태도가 요구된다는 의미이기도 하다.

어린애들은 그저 어리지만 않고 순진하지만도 않다. 어린애들에 대한 고정관념과 과잉억압은 그들의 존재를 왜곡하고 폄훼시키기 마련이다. 또한 이런 악순환의 반복은 프로이트가 말한 '억압된 것의 귀환'으로 이어져 왜곡된 형태로 표출될 위험성도 내포하고 있다. 어찌 보면 이 잔혹 동시 또한 '억압된 것의 귀환'의 일환으로 해석할 수도 있다. 때문에 시집을 폐기하는 것은 단순한 미봉책에 그칠 가능성이 농후하다. 요컨대 우리가 바로잡아야 할 것은 '시집'이 아닌 '시선'이다.

Be의 시선 – 출처: overdye

잔혹사

지난 12일 《국민일보》 기사에 따르면 결국 출판사는 이 시집을 전량 폐기 결정을 내렸다. 애초 폐기 결정을 막아달라며 서울중앙지법에 가처분신청을 냈던 A양의 어머니인 시인 김바다 씨는 지난 10일 국민일보와의 전화통화에서 "더 이상 논란이 확산되는 걸 원치 않는다"면서 가처분신청 취하의 뜻을 밝혔다고 한다.

아이의 생각을 존중해주려는 부모의 입장을 이해하는 것은 힘들더라도 아이의 표현에 강요를 하지 않았던 어른도 있다는 것을 생각해 볼 수는 없을까. 조금이라도 그 안에 담겨진 시인의 마음을 느껴보려 해야 하는 것이 아닌가. '잔혹'이란 말을 달아 오르내리는 시 한 편에서 내가 놓여있는 현실을 비껴가려 할 수 없듯이 시는 이 땅에 놓인 사람들의 나이와는 별 상관없이 흐르는 정서라고는 생각해볼 수 없을까.

아이의 마음이 얼마나 힘들었으면 이런 상상을 할 수 있을까. 나는 오히려 이런 시를 출판할 수 있었던 그 시인은 보통 어린이들과는 다르게 자유로운 발상이 가능했던 상황이라 생각된다. 이 동시를 읽게 될 이가 부모의 위치라면 충분히 가슴이 철렁 내려앉을만 하다. 그럼에도 유치원 때부터 동시를 써온 아이의 시를 존중하려 했던 마음으로 읽힌다.

어느 부모가 제 자식이 난도질하는 대상으로 전락하게 될 수도 있는 일을 가만 내버려둘 수 있을까. 결코 쉽지 않은 일이 아니던가. 유치원 때부터 시 쓰기를 즐겼다는 A양은 이번 일로 충격을 받아 평생 시를 쓰지 않겠다며 절필선언을 한 것으로 전해졌다.

시에서 이런 느낌을 받았던 적이 있었던 나는 한 시인을 떠 올렸다. 그 시인의 시는 일반적으로 유통되는데 아무 문제도 없는 초등학교 6학년 대상의 논술교재에 실려있다. 그 전문을 옮겨 놓으니 읽어 보시라.

> 한소녀를 사랑하는 젊은이가 있었다
> 누가 그를 비웃었다
> "당신은 두려워하는가?"

소녀가 요구했다

"오늘 당신 어머니의 심장을 쟁반에 담아

가져다 줄 수 있나요?"

그 젊은이는 자신의 어머니를 죽였다

어머니의 가슴을 찢어 피로 물든 심장을 꺼내고

그리고는 사랑하는 연인을 향해 달렸다

하지만 성급했던 젊은이는 비틀거리며 넘어졌다

심장은 땅바닥에 구르면서 애처로운 소리를 냈다

그리고 심장이 부드러운 목소리로 말했다

"사랑하는 아들아, 다치지 않았느냐?"

프랑스의 시인 장 리슈펭의 시이다. 어떠신가, 잔혹한 시로 느껴지시는가. 시인은 희생적인 어머니의 사랑의 메시지를 시로 표현하고 있다고 하던데.

《한겨레》 2015. 7. 7)

이순영 양 어머니 김바다 씨에게 전해 들은 '잔혹 동시 논란' 그 이후 이야기

이 유 진 기자

「학원 가기 싫은 날」이란 시의 잔혹성 논란으로 시집『솔로 강아지』가 전량 폐기됐다. 책이 폐기된 다음날, 저자 이순영 양의 어머니인 시인 김바다 씨에게 전화를 했다. 가족은 인터넷을 통한 비난 여론으로 인해 불구덩이 같았던 수일을 보낸 뒤 비로소 일상의 평온을 찾은 듯했다.

오지 않을 것 같았던 평온

김바다 씨(42)에게 전화를 건 오전 11시. 그녀는 두 남매를 모두 학교에 보내고 '솔로 강아지'인 순둥이를 데리고 산책 중이었다. 그 동안 학교를 잠시 쉬었던 이순영 양(10)은 다시 등교를 시작했단다. 논란이 됐던 일들이 어느 정도 일단락돼서인지 그녀의 목소리에서 일상의 평온함이 느껴졌다. 얼마 전에는 일간지 기자를 통해 이름만 들으면 알 만한 고위 공직자가 순영 양에게 만남을 제안을 한 일도 있었단다. 만날지 말지에 대한 판단은 딸 아이에게 맡길 것이다.

"그 동안 학교는 가지 않았지만 좋아하는 미술학원이나 복싱 학원은 줄곧 다녔어요. 비난도 많았지만 남편(이인재 의료 전문 변호사)의 페이스북을 통해 힘찬 응원의 메시지도 받았어요. 친구들과 팬들이 생겨서 제가 순영이에게 그랬어요. '그래도 살아가는 데 한 번쯤은 이런 일 겪어볼 만했지?'라고요."

열탕 냉탕을 오가듯 화끈하고도 오싹했던 지난 한 달이었다. 온갖 비난 속에서 진중권 교수가 자신의 SNS에 "매우 독특하여 널리 권할 만하다"라는 평을 남긴 이후 비난 여론은 잠시 줄어들었다. 논점이 문학적 비평 쪽으로 흐르더니 "시인인 엄마가 첨삭이나 대신 써준 것 아니냐"라는 의혹 또한 제기됐다. 시인 김바다 씨는 2011년 『애지』를 통해 등단했으며 시 「문둥이 찬가」로 웹진 시인광장 선정 '2015 올해의 좋은 시'에 뽑히기도 했다.

"순영이가 학교에서 「무궁화」라는 시를 썼어요. 발표회 때 담임선생님과 아이들 앞에서 읽었는데 다들 '이게 뭐지?' 하는 표정이더래요. 이해가 안 된다는 이유로 두 번이나 발표를 했는데, 그 과정에서 순영이가 상처를 받은 거 같더라고요. 집에 돌아와서 제게 '내 시는 시가 아닌 것 같아'라며 풀이 죽어 말하더군요. 그래서 저도 읽어봤는데 처음에는 이해가 안 돼 아이에게 왜 이렇게 시를 썼냐고 물었더니 선생님께서 꽃의 형태를 갖고 쓰라고 했대요. 그제야 순영이의 의도를 알았죠. 시로서는 참 참신한 표현법이라고 생각했어요. 아이의 기를 살려주기 위해 시집 출판을 결심했죠."

순영이는 일필로 그림을 그리듯 시를 써내는 스타일이다. 장롱이면 장롱, 식탁이면 식탁 주변 사물을 보고도 금세 한 편 지어낸다. 김바다 씨는 대필 의혹은 가당치도 않다고 단언한다.

"시를 조금이라도 아는 분들은 손댄 시인지 아닌지 금방 아실 거예요. 처음에는 애가 써서 거칠어서 못 보겠다고 하더니 전문가 몇 분이 호평을 하니 이제는 '엄마가 써준 것 아니냐?'라고 하시더라고요. 부관참시도 그런 식으로 하시면 안 돼요(웃음). 책은 오로지 작가인 순영이의 의견을 토대로 만들어졌어요."

김바다 씨는 자기가 한 일이라곤 아이가 써온 시들을 읽고 '책에 실을 수 있는 시, 아닌 시'를 추려 출판사에 원고를 건넨 것뿐이라고 강조했다. 게다가 가족에게는 출판이 새삼스러운 일이 아닌데 갑작스러운 세간의 관심에 그저 어리둥절하다. 2013년에는 남매가 『동그라미 손잡이 도넛』이란 시집을 냈고, 또 엄마와 함께 아빠를 위한 동화 『투명인간 노미』를 내기도 했다. 2014년에는 순영 양의 오빠 이재복 군(12)이 『나, 쿠키』라는 동시집을 단독으로 발표했다.

그녀는 극성 엄마일까?

시집을 출판한 것은 순영 양의 오빠, 이재복 군이 먼저였다. 그래서 김바다 씨는 사람들의 시선을 받을 아이는 오히려 아들일 거라고 생각했단다. 순영 양이 좋은 일이든 나쁜 일이든 이렇게 유명세를 탈 줄은 상상도 못했던 일이다.

가문비 출판사의 자체적 결정으로 지난 5월 12월 '잔혹 동시'의 논란을 빚었던 시집 『솔로 강아지』가 전량 분쇄 폐기됐다.

심지어 오빠 재복 군은 이번 일을 옆에서 지켜보며 "순영이가 일주일 만에 나를 '발랐네'"라며 우스갯소리를 할 정도였다. "아들이 그 뒤에 하는 말이 '근데 이런 일로 유명해지느니 난

골방에서 혼자 살겠어'라고 해서 한바탕 웃었어요. 재복이는 순
영이에 비해 심성이 곱고 섬세한 편이거든요."

순영 양은 오빠에 비하면 오히려 평범한 어린 시절을 보냈다.
부모님의 기대가 오빠에게 쏠려 있는 상황에서 소외당해왔다고
하는 편이 맞을지도 모른다.

"순영이는 아마 엄마에 대한 서운함이 분명히 있을 거예요. 13
개월 차이인 두 아이를 키우는 것이 힘들어 아이를 외갓집에 맡
겼고, 그곳에서 외롭게 컸거든요. 학교 준비물도 제대로 챙겨주
지 못해서 '알아서 친구들에게 빌려서 써라'라고 한 적도 여러 번
이에요. 그래도 아이는 씩씩해요. 친구들을 빈집에 데려와 스스

로 달걀찜을 만들어 먹을 정도니까요."

잔혹 동시 논란 속에서 김바다 씨를 교육에 극성인 엄마로 바라보는 시선도 있었다. 얼마나 학원을 뺑뺑이 돌렸으면 아이가 그런 시를 쓰겠냐는 것.

"영어 학원은 그 시를 읽자마자 그만두게 했고요. 제가 얼마나 아이들을 방치해서 키웠는지 증언해줄 동네 사람들은 많아요 (웃음). 둘 다 자유롭게 놀면서 큰 아이들이에요. 재복이는 여느 아이들처럼 '쿠키런'이라는 게임에 빠져 있고, 순영이는 문학책은 거들떠도 안 보고 판타지나 괴담류의 일명 '분홍책', '검은책'만 읽어요."

이미 다수의 책을 출판한 남매인데 의외다. 당연히 그들은 책벌레인 줄 알았다. 순영이는 앞선 매체와의 인터뷰를 통해 이상의 시, 「오감도」가 재미있다는 의견을 피력한 부분도 그렇고 말이다.

도깨비

어둠은 빛난다

긴 혓바닥을 내밀고
뿔을 어루만진다

왈왈 짖어댈 때마다
현실이 뒤집어진다

아름답게
부럽게

어둠은 무엇이든 다 만든다
그리고 모른 척한다

"저도 독서가 중요하다고 해서 어릴 때 책을 정말 많이 사줬어요. 책을 집에 두면 아이가 자연스럽게 읽는다는 주변 엄마들의 말을 듣고 집 한쪽 벽면이 꽉 찰 정도로 사 날랐죠. 그런데 우리 아이들은 아니더라구요. 쳐다만 봐도 질렸나(웃음). 결국 돈이 아까웠지만 책을 모두 교회 도서관에 기증했어요. 억지로 읽힐 수는 없는 일이니까요."

김바다 씨는 두 아이의 모습을 보며 글쓰기 방법은 초등학교 국어 수업시간에 배우는 것으로 충분한 것 같다고 말한다.

"순영이가 「오감도」에 대해서 이야기한 이유는 아이가 종종 제가 읽는 책이 뭔지 궁금해하거든요. 마침 이상의 시집을 읽고 있는데 순영이가 책을 뺏었어요. '네가 이해할 수 있는 시가 아니야'라고 밀쳐냈지만 그럴수록 책을 잡아당겨 결국 보여줬어요. 나름의 느낌이 있었는지 시인의 초현실적인 시들을 읽고는 배를 잡고 웃더라고요."

더불어 아이들의 학교 성적 또한 많이 신경을 쓰는 편은 아니란다. 그저 보통의 가정 그 이상도, 그 이하도 아니다.

"순영이는 국어, 수학은 잘하는 편이에요. 그렇지만 사회, 과학 성적은 좀 떨어져요. 요전에는 수업이 재미없다고 투덜대기에 '이제부터 엄마가 너를 슬슬 볶겠다!'라고 엄포를 놓았어요."

비난하는 사람들, 이해된다

　김바다 씨는 자신이나 아이에게 모진 말들을 쏟아내는 이들 또한 이해할 수 있다고 말한다. 시집의 흐름을 보지 못했다면 충분히 논란이 될 일이었다.

　"만약 시집의 전체적인 시를 보지 않고 한 편만 읽었다면 참담하다 못해 끔찍했을 거예요. 그렇지만 한 편의 시를 제대로 이해하기 위해서는 다른 시도 읽어봐야 합니다. 시집은 전체적인 흐름이란 게 존재하니까요. 저도 처음에 순영이의 시를 읽고 입이 안 다물어질 정도로 충격이었어요. 평소 직설화법보다 에둘러 표현하고 부드럽게 이야기하는 아이였거든요."

　요즘 초등학생을 상대로 일명 '검은책'이라고 불리는 괴담집이 인기가 많다. 순영 양 역시 이 책의 마니아였다. 원래 『솔로 강아지』는 '엽기 공포 동시집' 컨셉트로 기획된 책이었다.

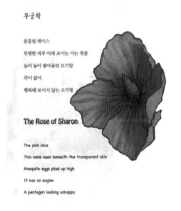

무궁화

분홍빛 레이스
투명한 피부 아래 보이는 가는 핏줄
높이 높이 쌓아올린 모기알
각이 없어
행복해 보이지 않는 오각형

The Rose of Sharon

The pink lace
Thin veins seen beneath the transparent skin
Mosquito eggs piled up high
It has no angles
A pentagon looking unhappy

"사실 '공포 동시집'이라는 문구를 표지에 넣어달라고 했어요. 그럼 부모님들이 아이에게 사주기 전에 '우리 애가 감당할 수 있을지 없을지' 각자 판단할 수 있으니까요. 그런데 이 달에 재복이와 제가 함께 쓴 『애플 드래곤』이란 책을 동시에 조율하다 보니 그 부분이 명확하게 반영이 안 됐더라고요. 「학원 가기 싫은 날」이 문제가 될 거라는 생각은 했지만 호러물이라는 전제니만큼 큰 문제는 없을 거라고 생각했죠."

그녀는 시 한 편으로 사람들이 색안경을 쓴 것 같아 안타깝다. 이번 사태를 지켜본 다양한 전문가들의 의견처럼 문학적 다양성에 대한 열린 마음이 부족한 건 아니었을까?

"몇몇 분들은 책을 폐기하지 말고 불 질러 없애버려야 한다고 주장하기도 하셨죠. 처음 보는 낯선 것이라고 해서 불 질러라? 저는 아이에게 이만한 선에서 넘어간 걸 다행으로 여기자고 말했어요. 저희 가족은 독실한 기독교 신자라서 어려웠던 지난 한 달 동안 네 가족이 밤마다 모여서 기도를 드렸어요. 그런 저희에게 '사탄의 영'이 씌었다니요. 정말 당황스러웠어요."

이런 상황에서 김바다 씨와 순영이가 가장 고마워하는 사람은 바로 진중권 교수였다. 그의 소신 있는 발언은 잔혹 동시에 대한 논란을 잠재우는 계기가 됐다.

"진중권 교수님이 트위터에 글을 올리기 딱 3시간 전으로 기억해요. 순영이가 이상한 꿈을 꿨다고 하더라고요. 사람들이 자기한테 몰려들어 막 때리더래요. 제가 마음이 아파서 '안 아팠니?'

하고 물었더니 '아프기보다 자존심이 상했다'라고 대답하더라고
요. 그런데 멀리서 요정 대장이 실눈을 뜨고 자기를 가만히 지켜
보고 있더래요. 그러고는 커다란 공기 방울 2개를 만들어서 하
나는 자기가 타고 하나는 순영이를 태워 둥실둥실 하늘로 날아
갔다는 거예요. 제가 그 요정 대장이 어떻게 생겼냐고 물었더니
약간 오만한 표정의 남자였대요. 순영이가 예지몽을 꾼 게 아닌
가 싶어요(웃음)."

그 이후 한동안 '솔로 강아지'를 검색하면 나란히 진 교수의 사

진이 떴다. 마치 공기 방울 2개처럼 말이다. 그것은 김바다 씨와 순영 양에게 힘들 때마다 큰 위로가 됐다고.

다행히 논란의 크기와는 별개로 순영 양은 씩씩하게 일상을 보내고 있었다. '아이가 깊은 상처를 받지 않았을까' 하는 걱정은 잠시 접어도 될 만큼 말이다. 모두 김바다 씨의 마음 근육을 키우는 방법 덕분이다. 독으로 독을 제어하는 '이독제독' 양육법이다. 좀 과격해보여 추천은 못하겠다.

"요즘 TV 프로그램이 자극적이라고 하지만 저는 그냥 다 보여줘요. 때로는 야한 장면이나 욕설이 나오면 재빨리 눈을 가려요. 뭐 이미 늦고 아이들은 볼 거 다 봤겠죠. '전설의 고향'은 아이들이 특히 좋아하는 프로그램이에요. 그렇다고 해서 동심이 상한 적은 없어요. 아이들은 그보다 더 험한 세상을 살아가야 하는걸요."

책이 전량 폐기됐다는 소식이 전해지면서 뒤늦게 책을 구해보려는 사람들의 움직임도 있다. 순영 양의 학교 도서관에서는 이미 도난을 당했다니 말이다. 가족에게도 딱 3권밖에 남지 않았다고 했다. 그마저도 1권은 모 대학 국문과 교수가 연구 자료로 쓰겠다고 가져갔으며 또 1권은 기자에게 전해졌다. 이제 1권밖에 남지 않은 상황이다.

"'나중에 그 시집을 너희 자식들에게 불 끄고 읽어줘라'라고 쓴 악플이 있더라고요. 악플처럼 순영이가 커서 자식을 낳으면 선

물하라고 1권은 남겨놓을 거예요(웃음)."

『솔로 강아지』를 완독했다. 「학원 가기 싫은 날」이라는 잔혹성
에 가려져 미처 보지 못한 순영양의 재능은 높이 살 만하다. 도무
지 열 살 아이가 쓴 시라고는 믿기지 않는 뚜렷한 시적 자아, 남
다른 감성, 기발한 시적 표현까지. 아이의 성장이 기대되는 이유
다. 순영양은 또 어떤 작품으로 세상을 깜짝 놀라게 할까.

(《레이디 경향》, 2015. 6. 5)

'바바둑'과 잔혹 동시, 아이는 어떤 꿈을 꾸는가

여용준 님의 블로그

미혼남인 내게 '잔혹 동시'는 별 특별할 것 없는 이슈였다. 특히 어릴 적부터 스튜어트 고든이나 브라이언 유즈나, 조지 로메로, 웨스 크레이븐 등 호러 거장들의 영화를 보며 자란 나에게 '잔혹 동시'는 "뭐 애가 그럴 수도 있지" 정도의 시시한 이야깃거리다. 아직 육아에 그렇게 큰 관심이 없다. 아마 지금 당장 속도위반으로 애 낳아서 키워도 사춘기까지는 최대 15년이 걸린다. 멀고도 먼 이야기다.

그런에 엉뚱하게도 내가 '잔혹 동시'에 관심을 갖게 된 것은 '바바둑'이라는 공포영화 때문이다. 사실 '바바둑'은 아멜리아(에시 데이비스)에게 몰입해서 봐야 할 영화다. 하지만 '바바둑'은 아이의 심리를 이해할 수 있는 훌륭한 텍스트다. 아마 TV에 종종 나오던 아동심리 전문가 운운하는 교수님들에게 추천할만한 영화가 아닌가 싶다. '바바둑'의 또 다른 주인공인 6살 꼬마 사무엘

(노아 와이즈먼)에게 시선을 돌려보니 '잔혹 동시'가 머리를 스쳐 지나간다. '바바둑'과 잔혹 동시는 아이의 몰랐던 부분을 보게 하는 중요한 텍스트다.

'바바둑'에서 엄마인 아멜리아와 사무엘의 관계는 여느 호러영화에 비해 다소 특이하다. 보통 아이는 한없이 사랑스럽고 엄마는 다소 스트레스가 있을지언정 아이에게 다정하다. 엄마와 아이의 관계가 견고할수록 그 틈을 비집고 들어오는 위기가 더 크게 부각되기 때문이다.

그런데 '바바둑'에서 엄마와 아이의 관계는 약간의 균열을 가지고 있다. 아이는 또래에 비해 공격적이고 엄마는 스트레스에 짓눌려있다. 마치 언젠가 심하게 뒤틀릴 것을 암시하듯 복선을 깔고 있다. 영화는 엄마의 스트레스에 대해 꽤 합리적으로 동기를 부여하고 있다. 어른인 관객들의 시선에서는 아이가 엄청난 밉상일 것이며 엄마의 스트레스에 충분히 납득하게 될 것이다.

하지만 영화의 중반까지 아이가 갖는 스트레스에 대해 보여주지는 않는다. 그저 아이는 병이 있고 다소 공격적 성향을 가진 '특이한 아이' 정도로 비춰진다. 결과적으로 이 아이는 특별한 스트레스를 가지고 있으며 그 원인은 엄마(정확히는 부모의 특수한 상황)에게 있다.

많은 미국영화를 보면 아이들의 두려움은 꽤 특이한 방식으로 묘사된다. 벽장 속이나 침대 밑의 괴물이라든지 옷장 위 귀신 등

판타지스럽게 두려움을 표현한다. 실제 미국의 아이들이 그런데 두려움을 가지고 있는지 모르겠다만 나 역시 어릴 때 그와 비슷한 것에 대한 두려움이 있었다. 주로 거울이나 엘리베이터, 혹은 시골 할머니집 푸세식 화장실 변기 속.

아이들의 두려움들은 '상상력'에서 비롯된다. '바바둑'의 사무엘은 두려움 때문에 엄마에게 의존하지만 스트레스에 지쳐가는 엄마를 지키기 위해 공격적 성향을 보인다. 사무엘의 두려움은 역시 상상에서 시작된다. 하지만 상상 너머에는 현실적 스트레스가 몇 가지 작용한다(그 부분은 사무엘의 대사를 통해서도 드러난다). 이건 사실 그리 특수한 상황은 아니다. 아이의 두려움이 뿌리없는 상상에서 비롯되진 않을 것이다. 모든 두려움에는 이유가 있기 마련이다.

잔혹 동시를 지은 아이는 이제 10살이다. '바바둑'의 사무엘보다는 성장한 아이지만 그래도 '어린이날'을 누리는 다 같은 어린이다. 잔혹 동시에서 보여지는 공격적인 내용들은 사실 두려움에 대한 반증이다. 「학원 가기 싫은 날」은 학원과 학원에 가라고 잔소리하는 엄마에 대한 스트레스에 대한 표현이다. 제어되지 않는 상상력이 마음껏 드러난 탓에 이렇게 '잔혹한' 내용으로 묘사된 것이다.

문제는 그 아이의 머릿속에는 이런 상상이 더 있을 것이다. 그리고 "꽤 착하게 자랐다"고 생각되는 아이들도 이런 상상을 하고 있을 것이다. 이건 장담할 수 있다. 왜냐하면 21세기를 살고 있는 아이들은 굉장한 스트레스를 받고 있을 것이며 이것은 제어되지 않는 상상으로 아이의 머릿속을 맴돌고 있다. 간단히 말하자면 직장에서 상사에게 혼나고 "내가 회사를 때려치우지"라는 상상을 하는 것과 같은 이치다.

앞서 말한대로 두려움으로 인한 상상은 결국 스트레스에서 비롯된다. 아이가 두려워하고 있다는 건 두려움으로 인한 스트레스도 있지만 반대로 스트레스로 인한 두려움도 있는 것이다. 그 스트레스에 대해 단지 "참으라"고 말하는 것은 바람직하지 못하다. 어떤 스트레스건 그것을 분출해 해소시킬 필요가 있고 잔혹 동시는 그런 분출의 일환이다. 아이의 상상이 아기자기하고 귀엽길 바라는 건 부모의 욕심이다. 귀신이나 괴물을 상상해내는 것도 결국 아이들이다.

아이를 키우는 건 굉장한 스트레스를 받는 일이다. '바바둑' 속 악령인 바바둑은 다소 상징적인 모습이다. 애시당초 바바둑은 동화책을 통해 등장했으며 다소 우스꽝스런 모습을 하고 있다. 즉 유아적 상상력에 기반한 악령이란 소리다. 하지만 바바둑은 엄마의 극심한 스트레스의 상징이 된다. 다시 말해 엄마의 스트레스가 유아적 상상으로 드러난 것이다.

아이가 갖는 스트레스에 대한 책임은 온전히 부모에게 있다. 하지만 그렇다고 부모에게 모든 추궁을 하는 건 다소 가혹한 일이다. 영화에서 보는대로 엄마는 엄마대로 힘든 삶을 살고 있기 때문이다. 그런 엄마의 스트레스를 유아적 상상으로 형상화한 것은 나름의 합의점을 찾으라는 것으로 보인다. 즉 엄마가 아이를 이해하는 계기를 마련한 것이다.

'바바둑'은 아이의 스트레스를 엄마의 책임으로 돌리지만 결코 엄마에게 가혹하게 굴진 않는다. 아이가 두려움을 느끼고 있다면 엄마가 그 두려움 속으로 들어가 아이를 구해내는 것이다. 아이의 두려움과 엄마가 한 판 대결을 벌이는 것이다. 이 영화가 가혹하게 굴지 않는 것은 두려움에 빠진 아이를 구해낼 해법을 알려주기 때문이다.

다시 잔혹 동시의 이야기를 해보자. 나는 잔혹 동시를 책으로 낼 생각을 하고 아이를 감싸주는 엄마가 존경스럽다. 아마도 엄마는 잔혹 동시에서 아이의 두려움을 봤을 것이다. 그래서 아이의 두려움을 감싸주기 위해 그것을 마음껏 드러낼 수 있도록 배려한 것으로 보인다. 그러나 세상 사람들은 여기에 대해 비난하고 악플을 달고 있다. 편하게 말하자면 "내 새끼 아닌데"라는 마음이 작용하는 댓글들 같다.

자, 아이의 두려움은 단지 부모만의 책임일까? 「학원 가기 싫은 날」에 등장하는 두려움의 대상은 엄마에게도 있지만 '학원'에도 있다. 어느 집 아이건 그 아이가 갖는 두려움의 원인에는 부모 이상의 더 큰 것이 있다. 아이의 두려움과 그에 기반한 왜곡된 상상의 원인은 결국 모든 어른들과 그들이 구성한 사회에 있다. '바바둑'의 사무엘이 느끼는 두려움에도 영화에서 드러난 외적인 갈등들이 작용했다. 아이의 두려움은 모두의 책임이고 잔혹 동시는 누구도 비난할 수 없는 우리 사회의 거울이다. 고리타분한 얘기같지만 이게 현실이다.

　여담 1) 사실 '바바둑' 이야기의 완성은 결말인데 이게 나름 블라인드 시사회(하지만 제목은 알고 간)로 봤기 때문에 결말에 대한 언급은 아끼도록 한다. 그런데 그러다 보니 이야기가 미완성이다. 아쉽지만 뭐 미완의 상태로 글은 나름 정리된 것 같다. 하지만 결말까지 언급하면 이 글은 더 재미있게 완성될 수 있을텐데…아쉽다.

　여담 2) 호러영화로서 '바바둑'은 굉장히 클래식하다. 저택의 구조나 조명, 심지어 클라이막스의 효과 역시 클래식 호러영화들을 떠올리게 한다. '팔로우'도 그렇지만 역시 클래식 호러를 제대로 배운 사람이 호러영화를 잘 찍는다.

　다음 티스토리 여용준님의 블로그 빙다리 핫바지 게시판 2015. 5.8 http://daishiromance.tistory.com/m/post/532

유튜브의 글

박 유 리 기자

처음 느끼는 감정은 사실 「학원 가기 싫은 날」, 이 시 외의 몇 편의 시를 좀 더 읽었는데 문학적인 성취욕이 굉장히 높아 놀랐어요. 그리고 이 시 외의 다른 시들은 굉장히 아름답다는 생각도 했었구요.

그리고 두 번째 「학원 가기 싫은 날」에서 실제로 엄마의 심장을 뜯어먹고 뭐 이런 피칠갑이 된다, 그런 표현으로 저는 읽히지는 않았고 엄마가 학원을 강요하고 교육적인 것을 강요하는 것에 대한 반항의 표현이 아닌가라는 생각이 들어서 이 시가 도대체 어떤 부분에서 그렇게 폭력적이고 자극적이지라는 생각을 하게 되었습니다.

일부 댓글에서는 이것을 상업적인 의도로 내지 않았냐고 하시는데 출판시장에서 이런 시로 돈을 벌기는 거의 불가능합니다. '어린이 시는 이래야 한다'라는 생각을 뛰어넘은 수작이라고 생각합니다.

저는 『솔로 강아지』라는 시가 굉장히 감명 깊었습니다.

저도 강아지를 키우는데 강아지들이 자위행위를 굉장히 많이 해요. 보통 담요나 인형 같은 것으로 하는데 가족들이 많이 말려요. 저는 말리지 못하게 하면서 가끔 심할 때만 제지를 하는데, 그런 어른들에 대해서 이 아이가 하는 말은 '어른들은 정드는 것을 모른다'는 표현을 썼더라구요.

이런 일반적인 현상에 대해서 이 아이는 새로운 시각을 가지고 있고 이것을 거침없이 표현하는 진솔함? 재기발랄함?을 느낄 수 있었어요. 그리고 좀 더 나아가서 이 아이가 쓴 시 중에 「오빠의 고추」라는 시가 있어요.

'시에 이런 내용을 써도 될까?' 이러면서 고추에 대해서 쓴 내용이 있어요. 저는 이번 사태가 오히려 이 아이에게 얼마나 폭력적일까를 되뇌이게 되더라구요. 어른들은 이런 말을 써도 될까? 라는 생각을 많이 하고 말을 하지만 이 아이는 자신의 시심을 너무나 거침없이 자연스럽게 말을 했단 말이예요. 그런데 어른들은 이 아이에게 너는 너무 폭력적이야, 너는 문제가 있어라고 말하며 시집을 없애버리는 상황이 이 아이에게는 트라우마가 되는 거예요. 앞으로는 이 아이가 이런 말을 해서는 안 되겠구나, 이런 시를 쓰면 안 되겠구나라고 생각하고 이 아이의 창작력을 저하하고 앞으로는 말하는 것에 대해서 굉장히 주의를 주게 되어서 한 어린이, 아니 한 인간에게 얼마나 폭력적인 행동인가에 대해서 생각하게 되었습니다.

Q. 한국 사회에서 우리 아이들을 어떻게 보는가?

저는 이 시가 오히려 교육적이라는 생각을 했어요. 왜 교육적이냐면 어린이들이 글을 쓴다는 것에 대해서 자유롭게 써야 하는데 어린이들이 글을 쓰는 데 익숙하지 않고 글을 짓는데 익숙하거든요. 사실 글이라는 게 중요한 게 뭐냐면 글을 짓는 게 아니라 쓰는 게 중요한 거예요. 근데 우리 아이들은 어릴 때부터 백일장 등을 하면서 동심이 보이고 예쁘고 투명한 글을 쓰는 것을 강요받아왔어요. 어릴 때부터 아이는 마음에 아름다움과 추함이 있다는 것을 배워요. 그런 것에 대해서 글을 쓸 줄 아는 아이가 되어야 하고 그런 어른으로 성장해야 하는데 어릴 때부터 글을 짓는 것만 교육받는 게 제대로 된 글짓기 교육이냐는 거죠. 그래서 저는 이 시가 글을 짓는 게 아니라 글을 쓰는 거라는 부분을 보여줬기 때문에 교육적이라고 생각합니다.

어른들은 아이들에게 밝은 것만 요구해요. 표출할 수 있는 곳이 필요하고 그런 장소 중의 하나가 시라고 저는 생각해요. 그렇게 못하게 하는 강요를 받은 아이들이 엉뚱한 곳에 표출을 하죠. 네이버 댓글에서 가장 활발히 활동하는 사람이 초딩이라고 하잖아요. 표출을 못하니까 음지에서 약자에 대해서 공감하지 못하고 폭력적인 댓글을 달면서 학교에서는 괜찮은 어린이인 척하는 게 더 가식적인 거 아닌가요?

https://www.youtube.com/watch?v=iVqXILgTsP0&feature=youtu.be(한겨레 디스팩스 27회)

문학영재반 및 문학고등학교 개설

김 재 흥 송광초등학교 교장

소위 '잔혹 동시'로 일컬어진 초등학교 5학년 여학생의 『솔로 강아지』의 폐기 사건은 우리 사회의 단면을 보는 것 같아서 씁쓸하기 그지없다. 시집에 실린 58편의 독특한 시들이 빛을 보지 못하고 분쇄되어버린 것도 안타깝지만 나와 다른 생각을 가진 문학적 표현에 대하여 매몰찬 화살을 퍼부은 우리 사회의 집단적 광기에 가까운 유사 살인 행위가 표독스럽게 활보하는 것이 더 무서운 일이다. 나와 다름을 인정하지 않으려 하는 불변의 고착화된 시각이야말로 자칫 문화 융성의 길로 접어드는 길목에서 덫에 걸릴 수 있는 자충수가 될 수도 있기 때문이다.

시집에 실린 58편의 동시 중에서 「학원 가기 싫은 날」은 표현의 외양만 놓고 보면 문제가 될 수 있는 소지가 있다. 경우에 따라서는 어른들이 읽어도 끔찍한 표현이다. 세상에 어머니를 '씹어 먹고 구워 먹고, …… 심장도 맨 마지막에 먹는다'는 식의 초등학생으로서는 상상도 못할 수위를 넘은 아찔한 표현에 삽화까지 한 몫을 거들었으니 사회적 저항이 심한 것은 당연한 결과일지도 모른다. 시를 처음 접한 당사자의 어머니는 한 순간 숨이 턱 막히고 눈앞이 캄캄했다고 한다. 딸아이의 문학적 재능을 인정하고는 있었지만 그 씹어 먹고 치워야 할 대상이 바로 자신이었다니 얼마나 큰 충격이었을까?

그러나 시집에 실린 다른 작품들은 초등 5학년 여학생의 시라고 보기엔 놀라울 정도로 독특하고 참신한 내재율을 가진 시세계를 구축하고 있기에 우리는 이 소녀 시인을 주목하는 것이다. 시「솔로 강아지」에서는 강아지가 납작하게 엎드려 있는 모습을 '외로움이 납작하다'고 표현한다. 「내가 시를 잘 쓰는 이유」라는 시에서는 '몸속에 사는 피의 정체를 알아보려면 상처 딱지를 뜯고 피를 맛보아야 한다.' 동물원에 갇혀 지내는 표범이 눈물과 얼굴이 만나 야성을 잃어 자기가 누군지도 모르는 '표범' 등 어른들도 표현하기 어려운 고발과 파격적인 생각이 요동을 친다.

만약에 이 동시집이 동시童詩의 명함을 달지 않고 시詩라는 명찰을 달고 출간되었더라면 사회적 반향이 달라졌을지도 모르겠다. 학원에 가기 싫은 학생들이 어디 이 소녀에게만 해당되겠는가. 학원보다는 각자의 취향을 살린 공간에서 놀이나 취미를 여가로 즐겨야 할 감성 충만의 시기에 날마다 학원에 가야 한다는 무거운 의무감, 보이지 않는 사회적 폭압과 부모의 일방적 강요에 휘둘려야 하는 학생의 순수한 동심에 우리는 칼을 들이대며

난도질하는 것이다. 어른들의 일방적 강압이 이런 솔직함을 꽁꽁 숨어 버리게 한다면 학생들의 의식은 변신을 거듭하여 더 어둡고 낯선 곳으로 빠질 수밖에 없을 것이다.

요즘 어린이들의 솔직함을 용서하지 못하는 어른들의 규격화된 생각과 고정된 틀이 문제다. 통제와 획일화된 가치가 팽배한 정형화된 사회적 잣대로는 소녀 시인이 말하고자 하는 반정서의 틀을 이해하기가 쉽지 않을 것이다. 독자들은 시인이 수많은 생각들을 어렵게 정리하여 내어놓은 창작물을 단 몇 초에 읽고 나서 너무도 쉽게 자의적 판단을 해버린다. 초등 수준의 몇 줄 동시라도 비평을 하기 전에는 저자의 다른 작품도 함께 음미해본 후에 조심스럽게 의견을 피력해야 할 것이다. 시라는 것이 단순히 표현되는 글자의 노출만이 전부가 아니기 때문이다.

필자가 확인한 바에 의하면 소녀 시인의 부친은 억울한 환자들을 위한 인권 변호사이며, 어머니는 등단 시인이다. 또한 가정의 권위와 형식을 타파해버린 민주적 환경에서 자란 착하고 고운 심성의 여학생이다. 다음에는 엄마를 위한 고마운 마음이 담긴 시를 쓰겠다니 의식이 바른 여학생이다. 어른들은 우리 학생들이 순수하고 예쁘며 착하게 자라기를 기대한다. 그러나 사회는 불행히도 요즘의 학생들을 착하고 곱게만 가두어 놓지 않는다. 물론 사회의 모든 선악을 미성숙한 학생들에게 다 개방하자는 뜻이 아니지만 문학의 경계만큼은 허용 한도의 확장을 조심스럽게 개진해 봐야 할 일이다.

이 사회의 반사회적 정서를 꼽자면 단 몇 줄의 시가 문제가 아니라 키만 누르면 재생되는 스마트폰의 엽기 호러물과 야동들, 학교 앞에 버젓이 횡행하는 게임장의 각종 자극적인 오락물들, 거짓말을 일삼는 정치인 등 어디 한 두 가지뿐인가? 소녀 시인이 표현하는 '엄마'와 '학원 가기 싫은 것'은 이 사회의 폭력이며 학생들을 옭아매는 창살없는 감옥을 대변하는 시적 언어이다. 소녀의 질문처럼 '어린이는 왜 무서운 생각을 하면 안 되는가?'에 대하여 우리는 명증하게 응답을 할 수 있는가?

눈에 보이는 피상적인 것들이 전부가 아닌 사회라면 표현의 은유적 고발에 대하여, 어린이의 고통어린 작은 외침이라고 인정을 하면 안 되는가? 우리 사회의 수준이 어린 시인의 몇 마디 표현도 수용할 수 없는 빈약한 사회인가? 그렇다면 이 시가 초등생이 읽기에는 문제가 될 수도 있으므로 해당 페이지만 잘라내는 방법도 있을 것이며, 19금 딱지를 붙여 판매하는 방법도 있었는데 성급히 회수 폐기한 것은 아무리 생각해도 안타깝기 그지없다.

필자가 걱정하는 것은 소녀 시인이 혹시라도 시 쓰는 일에 두려움을 느낀 나머지 절필을 할지도 모른다는 사실이다. 사회가 낚아 올리려는 인민 재판성 사냥이 자칫 천재성을 가진 문학소녀를 사회적으로 매장해버릴지도 모른다는 조바심이다. 유치원 때부터 시를 쓰기 시작했다는 소녀는 오빠와 함께 이번까지 세 번째 시집을 내었단다. 생각의 물꼬를 틀 속에 가두어 놓고서는 결코 좋은 문학작품이 탄생할 수 없다. 문학을 문학으로 이해하는 사회, 시를 시로 이해하고 너그럽게 받아들일 수 있는 사회가 성숙한 열린사회이다. 그것이 다양성을 존중하고 남과는 다른 나만의 캐릭터가 상품이 되어 가는 시대의 표상임을 왜 모르는가?

차제에 문학적인 천재성을 가진 학생들을 따로 선별하여 문학영재반과 문학고등학교 개설을 제안한다. 사회의 통념과 간섭을 받지 않고 자유로운 상상의 날개를 펼칠 수 있는 문학영재반을 운영하면 다른 나라 학생들보다 감성이 발달한 우리 학생들의 문학적 역량이 빠른 속도로 향상될 것임을 믿는다. 외국어고등학교, 과학고등학교, 원예고등학교, 골프고등학교, 조리고등학교, 바둑고등학교 등 영역별 학교가 이처럼 많은데 노벨문학상을 지향하는 나라에서 문학영재반은커녕, 문학고등학교가 없다는 것이 말이나 되는가?

(《전남교육신문》 교단 칼럼)

[05/08pm]문화통-'잔혹 동시' 논란

김종배님, 이승환님, 한윤형님 시사통

이: 잔혹 동시 논란에 대해 말씀드린다고 워딩이 나갔는데…

한: 예, 세계일보에서 5월 5일 어린이 날을 맞이하여 그들 나름대로는 특종기사인 것처럼 보도를 내고 사람들에게 공분을 산 사건이었죠.

이: 예, 사건을 잘 모르시는 분들을 위해서 설명을 좀 드리자면요. 가문비 출판사의 서브 브랜드인 가문비 어린이에서 『솔로 강아지』라는 시집이 발매가 됩니다. 이순영이라는 올해 10살 정도 되는 초등학생이, 이번 작품이 첫 작품은 아니고 2013년도에 오빠(이재복)와 함께 남매 동시집 『동그라미 손잡이 도넛』을 내기도 했고요. 같은 해에 동화책 『투명인간 노미』를 출간하기도 해서, 어떻게 보면은 생물학적 나이와는 무관하게 어느 정도 경력이 있는 작가라고 볼 수 있겠습니다.

그런데 문제가 됐던 것은 이 시집의 시 중에 「학원 가기 싫은 날」시가 문제가 되었어요. 이 작품이 학원 가기 싫은 날의 화자의 심정에 대해서 다루고 있는데 학원에 가고 싶지 않을 때 엄마를 씹어먹어, 삶아먹고 구워먹고 눈깔을 파먹어 이빨을 다 뽑아 버려 등등의 표현이 있었구요. 삽화 작가가 유혈이 낭자한 정도의 일러스트를 넣었어요.

이것을 보고 세계일보에서 어떻게 이럴 수가 있냐. 아이들이 보는 동시집인데 아이들의 심성에 유해한 영향을 끼친다고 말을 하면서 논란이 됐죠. 이제 그러면서 이게 마치 엄청난 범죄인 것처럼 작가의 이름을 이모 양으로 지칭을 하면서 논란이 시작됩니다. 세계일보의 보도를 다른 언론사에서도 받아쓰기 시작한 거죠.

한: 그리고 사실 언론보도만이 문제가 아니라 물론 언론보도를 통해 촉발되었기 때문에 세계일보에게 책임을 물을 수도 있으나 굉장히 대중적인 반향이 있었다. 그래서 출판사에서 전부 회수, 파쇄를 하겠다고 했다. 부모님들은 회수까지는 동의하겠으나 파쇄는 안 된다고 하며 법원에 가처분신청을 낸 상황이죠. 어머니와 아버지가 차례로 매체에 가서 인터뷰도 했구요.

주로 저는 정치쪽의 글을 쓰는 사람이라 대중적 통념에 대해서 나쁘다라고 말하는 경우가 많지는 않아요. 대체로는 통념을 이해하려고 하고 그 편에서 쓰려고 하는데 이번 경우에는 그럴 수가 없는 것 같아요.

일단 제가 들었던 생각은, 포털 사이트 댓글에서 그 아이를 사이코패스인 것 마냥 몰아가고 부모가 옹호하기 시작하자 엄마도 미쳤고 아이를 엄마로부터 격리해야 한다는 말도 많더라구요.

글쎄요. 본인들의 유년기를 어떻게 생각하는 걸까요? 아이는 순진무구해야 한다. 착하고 나쁜 것을 모르고 보여줘서는 안 된다라는 생각이 오히려 저는 그런 생각이 더 아이 같은 생각인 것 같아요. 아이일 때는 생각이 극단적이죠. 사실, 어떻게 생각하면은. 그리고 누구나 부정적인 감정을 가지는데 그걸 어떻게 극복하느냐가 유년기의 주제가 될텐데…

이: 저는 이 시인의(저는 시인이라고 표현하겠습니다. 활동도 많이 하셨고, 필자에 대한 존중차원에서) 시를 몇 편 읽어보다 보면은 굉장히 반짝거리는 표현이라던가 비범한 문구들이 많습니다. 이를테면 표제시였던「솔로 강아지」같은 경우에 이런 구절엔, 이 나이 때 감수성에서 보기 드문 절제미가 있는 거죠. "할아버지는 침이 묻은 인형을 버리려고 한다/ 정든다는 것을 모른다/ 강아지가 바닥에 납작하게 엎드려 있다/ 외로움이 납작하다/ 외로움이 납작하다라는 표현은 이 나이 때에 쉽게 나오는 표현이 아니예요.

저는 일단 시집 전체를 놓고 봤을 때 이 시 하나가 이 시집의 전체 정서를 대변하는 것처럼 몰아붙여지는 것도 문제라고 생각하구요.

해당 시가 사실은 그 시를 보고 처음 떠올려야 하는 것은 얼마나 학원에 가기 싫었으면 살의를 느꼈느냐인데 살의를 느낀 것 자체만 가지고 평가를 하기 시작하는 거죠.

그리고 윤형 씨가 말씀하신 것처럼 부정적인 감정을 어떻게 승화시키느냐가 중요한 것인데 이순영 시인은 그거를 작품으로 승화를 했단 말이죠. 그래서 실제로 시인의 어머니인 김바다 시인은 그거를 보고 나서 이것이 문제다라는 걸 깨닫고 학원을 보내는 것을 중단하고 이순영 시인이 가고 싶어하고 배우고 싶어하는 것 중심으로 교육 커리큘럼을 다시 짰대요. 그래서 복싱을 좋아한다고 해서 복싱학원을 다닌다고 하네요.

한: 자신의 감정을 표현을 했고 부모가 그것을 인지하고 어떤 부분에서 받아들여서 관계 개선이 이뤄진거 잖아요. 이런 것은 사실 '우리 아이가 달라졌어요' 같은 프로그램을 보면은 그렇지 않은 부모자식관계가 많이 나옵니다. 그게 어떤 한국적인 가정의 풍경이라고 할 수 있겠는데 안타까운 것은 어떻게 보면 굉장히 모범적인 소통을 했다고 볼 수 있음에도 불구하고 마치 그것이 어떤… '미쳤다'라고 대중의 공분을 산 상황이 오히려 더 그로테스크했습니다.

이: 출판사에서 사실 이 시는 문제가 될 수도 있을 것 같은데 거를까요라고 물어봤다고 해요. 시인이 이를 완강히 거절했고 시인의 법적 대리인이었을 부모도 시인의 의사를 존중해서 그 시를 냈단 말이예요. 어떻게 보면 그거는 자기들이 자녀를 그렇게 극한의 상황에 몰아 부친 적이 있었다라는 것을 보여주는 거니까 어떻게 보면 가족의 치부를 드러내는 일일 수도 있는데 시

인의 의사를 존중해서 출간하자고 결정한 거란 말이죠. 이거는 자식으로서의 통제권을 사용하겠다는 것이 아니라 이순영 시인이 이미 독립된 자아를 가진 작가로써 자기만의 세계가 있고 그 의사를 존중하겠다는 것을 보여준 거니까 굉장히 성숙한 태도라고 저는 생각됩니다.

한: 부모가 그 시를 보고 학원을 끊고 그런 것이 충격요법에 의한 일회적 행동이 아니었다는 것을 오히려 보여주는 부분이라고 생각합니다. 자신들의 약점을 사람들에게 공표하는 그런 행위일 수도 있다고 승환 씨가 말씀하셨잖아요.

이: 어떤 사람은 삽화가가 너무 충격적으로 그려가지고 이게 마치 책을 더 많이 팔아먹기 위한 출판사의 상업적인 전략이 아니냐라고 의심하시는 분들도 계신데 어머니이신 김바다 시인의 인터뷰를 보면은 삽화가분도 전작이었던 『투명인간 노미』의 삽화를 그렸던 분이고 그 분과의 작업이 좋았기 때문에 선택을 했던 거고 김바다 시인과 이순영 시인이 상의 끝에 이 시에 들어가는 삽화를 무섭게 그려달라고 요구를 해서 나온 결과라고 합니다. 이순영 시인의 의지가 들어간 부분이죠.

아동을 보호하는 것도 중요하지만 그 이전에 이순영 시인이 법적 성인이 아니라는 이유 하나만으로 이순영 시인의 작품에 대해서 너무 쉽게 어른들이 막았어야 한다고 말한단 말이죠. 시인의 의도를 존중할 생각이 없는거죠.

한: 저는 이제 동시라는 개념에 대한 다른 정의들이 충돌을 하

고 있다는 생각도 들었어요. 사람들이 생각하는 동시라는 것이 유아 아동 청소년들이 제대로 된 시를 이해할 능력이 없으니 그들이 이해할 만한 수준의 시를 교육적인 목적에서 보여주는 것이라고 많은 분들이 생각하죠. 이 자체가 틀린 것은 아니라고 생각하는데 그래서 그 사람들은 교육적인 차원에서 이 시를 아이들에게 보여주고 싶지 않다고 말하는 거예요. 대부분의 독자층인 학부모들이. 저는 이 부분도 그럴 수 있다고 생각하는 게 그 동시집 컨셉은 이 걸 사서 당신의 아이에게 보여주면 아이들의 감수성이 자랄꺼예요~ 라는 컨셉으로 상업적인 마케팅 차원에서 나왔을 작품이라고 생각하거든요.

그 부분에서 소비자들이 항의해서 회수를 하는 것은 있을 수도 있다고 생각하는데 다만 그 다음 문제에서 다른 측면에서 볼 때는 아이가 쓴 시가 동시일 수도 있잖아요.

그렇다면 이 건 교육적인 측면을 떠나서 시인의 권리가 되는 거죠. 아버지분이 인터뷰를 하셨던데 미성년들에게 보여줄 수 없다고 생각한다면 성인만화들처럼 비닐포장을 하던가 하면 될 텐데 왜 이거를 파쇄를 하겠다고 하느냐라고 말씀을 하셨어요. 19금이냐 아니냐라는 문제에 대해서는 이 부분으로 넘어갈 수도 있어요.

저는 사실 이 시가 교육적으로 나쁘다고 생각하지도 않아요.

사실 동화를 생각해 보면은, 옛날에 동화가 굉장히 잔혹했어요. 신데렐라 얘기 같은 경우도 계모를 죽일 때 계모가 구두를 신고 춤을 출 때 불에 타서 죽고 막 이런 식의 결말이었거든요.

이: 유리구두에 발이 잘 안 들어가니까 뒷꿈치를 잘라서 넣었다는 말도 있었구요.

한: 중세의 사람들은 이런 이야기들을 아이들에게 들려줬는데 현대에 와서 어떻게 이런 끔찍한 얘기를 아이에게 들려주느냐 해서 많이 삭제를 했죠. 그런 쪽에서 어떻게 보면 교육적으로 더 퇴보했다고 말하는 심리학자들의 연구결과도 많이 나와 있다. 이를테면 아이는 사실 부모를 사랑하면서도 미워할 수밖에 없는 존재죠. 그러면 자신이 부모가 미울 때 어떻게 다스릴 거냐가 중요한 건데, 부모를 죽이고 싶다는 상상을 할 때 그게 마치 부모를 죽이는 것처럼 말씀을 하셔서 저는 좀 놀랐는데요. 상상으로 부정적인 상황을 극복하는 것은 인간의 고유한 능력 중의 하나이죠. 그런데 우리나라에서는 이걸 패륜이라고 억압하는 상황에서는 경유해서 나타날 수 있겠죠. 이를테면은 꿈에서 어떤 끔찍한 살인마가 나와서 내 부모를 죽였다거나 귀신이 나타나 죽였다거나 부모가 사고가 나서 죽었다거나 이런 꿈을 꾸는 사람들은 많잖아요. 그러나 이런 사람들이 자신이 부모를 죽이는 상상을 하는 사람보다 건강하냐라고 물으면 억압이 더 심한 것이다.

이: 사실 그게 억눌린 욕망 같은 것들이 뒤틀린 형태로 나타났다고 볼 수도 있는것이죠.

한: 뒤틀린 것이라기보다는 매개라고 보는 편인데, 그게 더 끔찍하게 나타나진 않았으니까요. 그런데 자신들이 생각한 것은

건전하다고 생각하고 이게 더 굉장히 그 자기표현에 솔직했던, 억압이 덜했던 것을 끔찍하다고 여기고 탄압하는 것이 더 기괴하다는 거죠.

또 아이에게만 나타나는 것도 아닙니다. 엄마도 한국에서 주로 육아를 대체하는 부모 내지 엄마도 아이를 하루종일 돌보다가 얘를 버려버리고 싶을 때가 있어요.

이: 산후우울증의 보편적인 증상이라고도 볼 수 있죠. 매년 4만 명이 앓고 계신데, 본인이 모르는 상태에서 몇 년이 지속되기도 하죠. 그런데 한국에서는 꼭 한국의 문제만도 아니고 엄마는 무조건 아이에게 헌신적이어야 하고 무조건 사랑을 줘야 하고 다른 생각을 하는 것 자체가 불경스러운 것이다, 성스러운 모성애를 강조하다 보니까 그런 생각을 상상 못하는 것이죠.

한: 다만 이제 여기서 똑같지 않은 것은 권력 관계가 있으니까 엄마는 그런 감정이 들었다고 해서 아이에게 표현해선 안 되겠죠. 하지만 아이는 시라는 형태로 엄마에게 표현을 한 것이 엄마의 행동을 교정하게 된 것이 아까 그 사례겠구요.

그런데 그런 감정이 들었을 때 제가 아는 지인들의 경우에 그런 얘기를 육아커뮤니티에 하면은 '당신이 어떻게 엄마냐, 너는 엄마도 아니다'라는 식으로 까는 반응이 대세래요. '소름끼치네요', '그러고도 엄마라니…'라는 댓글이 달리는 등…남편의 폭력에 못이겨 아이를 냅두고 집을 나왔다는 글을 쓰면 댓글에, '어떻게 엄마가 그럴 수 있느냐/ 그럼 맞고 죽으라는 거냐' 등의 난장이 펼쳐진대요. 저는 이런 관계가 너무 신성해진 것이 오히려 더 문제고 더 사람을 억압한다고 생각하거든요. 아이도 부모를 미워할 수 있고 부모도 아이를 미워할 수 있다는 점을 인정하고 그 속에서 관계를 풀어갈 방법을 찾아갈 때 오히려 서로 안 미워할 수 있는 방법이 생기는 거죠. 그런데 미워할 수 있다는 사실 자체를 억압하면 무엇이 나오냐는 거죠.

이: 그리고 사람은 또 하지 말라면 더 하고 싶어지는 심리가 있는 거거든요, 그러니까 그런 생각을 가지는 것 자체가 불순하다고 억누르면은 그 생각을 더 걷잡을 수 없는 상황이 나오는 것이죠. 또 잔혹동화 같은 존재들에 대해서 감정을 상상하고 통제하는 능력에 대해서 윤형 씨가 말씀해 주셨는데 또 동시에 그 어떤 비극이나 참극을 봤을 때 충격적인 것을 봤을 때 어떤 식으로 그것을 보고 받아들이고 적응하고 겁먹지 않고 헤쳐나갈 수 있는 것인가에 대한 교육적인 기능도 분명히 있었거든요. 한국의 동화도 원래 굉장히 잔혹했어요. 아시잖아요 『콩쥐팥쥐전』 보면은 계모하고 이 사람들이 어떻게 됐느냐면 젓갈로 담궈지잖아요.

한: 『콩쥐팥쥐』, 『장화홍련』, 제주도의 신화들보면 엄청나죠.

이: 그리고 우리는 효의 상징, 또 어버이날에 공교롭게 방송이 나가는데… 효를 강조하는 『심청전』같은 경우는 애비가 눈을 뜨려고 딸이 자기 몸을 팔아서 공양미 삼백석을 하는… 사실 이거는 이게 어떻게 보면은 패륜인거잖아요. 효로 위장된 패륜이잖아요. 이게 뛰어들었을 때 용왕님이 살려주겠지라는 보장이 있

어서 뛰어든 것이 아니기 때문에 패륜인 거예요. 이런 거는 사실 아이들에게 우리 옛 성현들의 효의 사상을 잘 느낄 수 있는 좋은 동화라고 가르쳐주면서 그 반대방향에 대한 패륜에 대해서는 치를 떨면서 어떻게 애들에게 보여줄 수 있느냐고 말하는 거죠.

한: 그래서 이제 뭐 아동발달단계에 따라서 이런 것은 보여주면 안 된다고 유사심리학적으로 말하는 분들이 있기에 저는 다시 논점을 나누면, 저는 이게 교육적으로도 문제가 된다고 생각하지 않습니다만, 이게 미성년자 관람불가라면 비닐을 씌워서 내놓던지, 저는 한국의 어른들이 꼭 봐야 할 시라고도 생각해요.

이: 그렇죠. 사실 이 시를 보고 '아 우리애들 이런 시를 못보게 해야지'라거나 '애들이 폭력적인 미디어에 노출돼서 문제인 것 같아요. 산속으로 들어가야 할까봐요'라고 인터뷰를 하신 분들도 있는데 방향이 완전 다른 곳에서 생각하고 계신 거예요.

한: 산 속으로 들어가시면 산 속의 동물들과 싸우면서 전투성을 익힐 것입니다.

이: 뭐가 문제냐면 아이들이 이렇게 심적으로 부모에게 살의를 느끼는 만큼 학원으로 몰려있는 상황과 그럴 수밖에 없게 만드는 (학원 안 보내면 패배자가 될 것 같은 공포) 과몰입된 교육열 같은 것들을 우리사회에 어떻게 고쳐나갈 것인가. 아이들이 어떻게 행복한 시를 쓰게 만들 수 있을까를 고민하는 게 중요한 거지, 이렇게 험악한 시를 써? 쓰지마. 그건 니가 이상한 거야. 이 책부터 절판해. 이게 문제인 거죠.

한: 미친 거야라고 표현을 하는 거죠. 당신 아이는 병들었습니다. 병원에 가서 상담하시죠라는 댓글들이 있습니다. 저는 사람이 행복하지 않게 살 수도 있다고 생각하는데 행복하지 않게 사는 사람들이 행복하게 사는 사람들까지 끌어내리는 광경을 보고 있다고 생각해요. 어떤 것이랑 겹쳐졌냐면은 아마 엄기용 선생님 칼럼에서 나온 사례일 텐데 학교에서 장래희망 쓰라고 하잖아요. 없을 수도 있고 또 한국의 장래희망이 아 저는 30살이 되기 전에 세계를 유람할 꺼예요라고 쓰는 게 아니라 직업을 쓰라고 하잖아요. 직업을 꼭 그 나이 때 정해야 하나요? 그때 정한다고 뭐 이뤄지나요? 10살 때 정하고 20년 동안 노력해서 직업을 얻는 게 아니예요. 사실 우연적으로 얻게 되는 겁니다 직업은.

이: 그렇죠. 사실 대학에 들어갈 때 이 직업을 해야지라고 하면서 졸업할 때 그 직업으로 취업하는 사람은 별로 없어요. 4년동안 생각이 바뀌거든요.

한: 그런데 이제 쓰라고 해요. 근데 얘가 없다고 했죠. 없다고 하는 친구가 주관이 뚜렷한 친구예요. 그런데 학교에서 계속 쓰라고 하니까 얘가 말했는데 부모가 없으면 안 쓸 수도 있지라고 말했어요. 그리고 나서 학교교사가 부모에게 전화를 해서 "당신 자녀가 학교에서 이러저러했다"라고 했더니 부모가 없을 수도 있는 것 아니냐라고 했더니 교사가 부들부들 떨면서 "부모가 이러니까 애가 저 모양이지"라는 식으로 말했다고 해요. 이 에피소드와 이 잔혹 동시 논란이 본질적으로 다르지 않다고 봐요. 전 사

회적으로 논란이 되고 있는데 정말 안타깝습니다. 이제는 아이를 욕하지 못하니까 부모에게 화살이 돌아갔어요. 앞서 말씀드렸듯이 이것을 대체로 부모가 아이를 극한으로 억압하면 아이는 자살하고 싶어합니다. 자기문제가 아니라 타자에게 책임을 돌리는 것도 사실 어떤 식으로 말하냐면 억압을 받았지만 주체성을 존중받기 때문이예요. 그리고 그것을 제가 앞서 말씀드렸듯이 경유하지 않고 엄마를 죽인다는 상상을 발휘한 것은 그것 자체가 오히려 아이가 건강하다는 징후라고 심리학적으로 볼 수 있다고 생각해요. 그 이후에 인터뷰를 한 상황도 혹자들은 소설을 쓰더라구요. 이 시가 영어로 번역이 되어 같이 나왔는데요. 국제중 입시를 보려고 그랬다느니 등으로 입시병 환자들로 몰아가더라구요. 자신들의 기준에서 부모를 그렇게 나쁜 놈으로 만들어야 아이를 욕하지 않으면서 부모를 욕할 수 있으니까 속이 풀리는 것인데 이런 이야기까지 만들어서 비난해야 하는가라는 생각이 강하게 듭니다.

이: 아무도 사실 생각을 못하고 있는 부분이 뭐냐면은 매개를 경유하지 않고 상상을 하고 작품으로 승화시켰다는 것도 대단한 거지만 그거를 또 들키면 안 된다고 꽁꽁 숨겨놓은게 아니라 그거를 엄마에게 보여줄 수 있는 집안이라는 게…

한: 한국에서 그런 시를 엄마에게 보여줄 수 있는 집안은 0.01%도 안 된다고 생각합니다.

이: 아이가 엄마에게 이런 시를 보여줬을 때 엄마가 충격은 먹

었지만 잘썼고 앞으로는 이런 시를 안 썼으면 좋겠어라고 말하는 집이 솔직히 어딨어요~

한: 한국에선 없다고 봐야죠. 너무 리버럴한 집안이죠. 그래서 미쳤다는 소리를 듣는데 자유주의자로 한국에서 살기 너무 힘든 거 아닌가. 제가 보기에는 되게 자기들이 아프고 안 행복한 사람들이 하나도 안 아프므로 행복한 사람들을 미쳤다고 까고 있는 거예요. 눈이 한 개인 사람들이 두 개인 사람들을 비정상이라고 몰아세우는 동화… 동화라고 볼 수 있겠죠? 이런 게 생각나는 상황입니다.

이: 저는 출판사도 마음에 안 드는데요. 회수를 하고 파쇄를 하겠다고 말하는 다급함은 이해가 가요. 그러나 사전에 작가와 부모와 어떠한 논의도 없었던 것 같거든요. 지금 가처분 신청한 것을 보면은요. 이를 어떻게 할 것인가에 대해서 계약에서 유통에 대해서 출판사가 알아서 한다고 되어있지만 작가가 세상에 창작물을 내놓았을 때 이것을 거두어들이고 어떻게 후속조치를 취할 것인가에 대해서는 분명히 작가와 협의를 했어야 했거든요. 기사를 쓴 사람도 작가를 존중하지 않았고, 리플 다시는 분들도 작가와 가정에 대한 존중이 없고, 출판사도 존중이 없는 거예요. 어린이날 특집기사로 나오고 바로 그 다음날 파쇄결정이 나왔어요. 너무 초현실적인 거예요. 10살이라서 문제가 된다고 해서 물론 19세기의 10대와 20세기의 10대는 다릅니다만, 랭보가 '모음들, 에이, 지독한 악취 주위에 윙윙거리는 터질 듯한 파리의 검

은 코르셋' 이런 시를 썼던 게 15살 때입니다. 이것도 굉장히 대놓고 죽음의 이미지를 덧씌우고 있는 건데 만약에 랭보가 21세기 한국에서 태어나 10살 때부터 이 시를 썼다고 한다면 10대 유해매체로 선정이 되서 파쇄가 되었겠죠

한: 아, 물론 그렇죠. 그거보다는 사실 저는 랭보는 정신적으로 건강하다고 생각진 않아요. 정신적으로 건강하지 못한 예술가들이 있어요. 하지만 예술가들이 건강하지 못해도 인정받아야 한다는 건 다른 논점이 될 건데. 제가 볼 땐 이 아이는 정신적으로 굉장히 건강해요. 사실 당신들의 아이들보다 더 건강해. 왜냐면 당신들이 자기 자신들을 억압하고 있기 때문이야라고 생각해요.

이: 구할 수 있는 사람들은 이 시를 구했으면 좋겠어요. 온라인 서점에 몇 개 남은 것을 재빨리 신청을 해놓고 이것도 일주일 정도 배송이 걸린다고 해서 서평들을 통해서 20개 정도 읽고 왔어요. 근데 저는 일단 이 시집이 논란을 떠나서 완성도가 굉장히 높구요.

한: 한 편만으로 평가하는 것도 부당하구요.

이: 하다못해 이 시를 비판을 하고 싶어도 그 시 하나만으로 비판을 해서는 안 된다는 거죠. 비판을 하시는 분들도 이 시를 보기를 추천하구요. 그리고 만약에 이순영 시인의 시집이 이런 식으로 분서갱유도 아니고 거둬가지고 파쇄하는 걸 반대하는 사람들은 더더욱 연대의 의미로 사서 읽어보시길 권합니다. 저는 이 사

건 때문에 몰랐던 젊은 시인을 알게 되어서 기분이 좋구요.

한: 사이코패스라고 댓글다시는 분들에게도 한 말씀 하고 싶은데요. 누구를 죽이고 싶다고 상상하는 것과 진짜 죽이는 것은 엄연히 다른 행위입니다. 우리 은하계에서 안드로메다 사이에 차이가 있어요. 그렇게 생각하시는 분들은 영화관 가서 킹스맨 같은 것 보지마세요. 이상한 생각을 하는 사람들을 다 죽여버리고 싶다는 욕망이 투영된 영화인데 우리나라에서 한 700만 봤죠? 당신들이 그것을 보는 것은 되고 다른 사람이 당신을 죽이고 싶다는 상상을 하는 건 안 되고 세상에 그런 게 어딨습니까.

이: 삶에서 치밀어오르는 살의를 어떤 창작의 방식이든 창작물을 소비하는 방식으로든 대리충족하면서 해소하는 것은 너무나 자연스럽고 정상적인 방법이예요.

한: 우리가 킹스맨을 봤다고 오바마 대통령이 우리를 고소한다면 얼마나 끔찍하겠어요.

이: 잘 모르시는 분들을 위해서 말씀드리면은 킹스맨 영화에서 굉장히 오바마 대통령의 뒤태를 닮으신 흑인 대통령이 서있죠.

한: 그분 머리통을 터뜨립니다. 폭죽처럼 **빵빵** 터뜨리니까 덜 불쾌해했고 그러니까 대중영화인 것이죠.

이: 저는 그… 사이코패스니 아이가 자살하고 싶은 마음에 쓴 것이니라고 말씀하시는 분들에게 되묻고 싶어요. 여러분들은 살면서 한 번도 누구를 죽여보고 싶다는 살의를 느껴본 적이 없느냐라는 거죠. 저는 만원 지하철에서 매번 느꼈단 말이죠. 내려야

하는 역에서 내 어깨를 치고 가는 사람에게 살의가 치밀어 오르는 게 사람이예요. 살의가 치밀어 오르는 건 사이코패스는 아니거든요, 진짜 죽여야 사이코패스지. 우리가 개념을 명확히 가지고 애먼 시인을 사이코패스로 몰고 가는 건 건강한 방법이 아니예요. 맘에 안 드는 시라도 다같이 읽고 논란을 해소하자는 거죠. 내가 보기에 부적절해 보이니까 치워버려라고 얘기하는 것은 많은 야권 유권자들이 마음에 안 들어하는 현 여권의 행태와 비슷해요. 저 사람이 맘에 안 드니까 저 사람 싫어가 아니라 저 사람의 행동이 맘에 안 드니까 저 사람이 싫다면 나 또한 어디선가 그런 행동을 하고 있지는 않는가, 살펴봐야하는 거죠.

한: 약간 부연하자면 세상의 모든 시를 모두가 읽어야 하는 것은 아닙니다. 하지만 언론보도에 나온 한 편만을 읽고 그들의 삶을 매도할 권리는 누구에게도 없는 것이죠.

이: 90년대 초반에 있었던 『즐거운 사라』나 장정일 시인 그저…

저도 마광수 교수님을 그렇게 막 좋아하는 건 아니지만 『즐거운 사라』 자체가 금서가 되야 한다는 건 아니거든요. 장정일 작가 소설 제목이…『내게 거짓말을 해봐』였지요?

그런 비슷한 것을 21세기에 다시 보게 될 줄은 정말 몰랐구요. 시를 대중문화의 범주로 봐야할 진 모르겠지만 문화의 범주에 들어가므로 좀 평소보다 더 분노하면서 녹음을 좀 해봤습니다.

2015. 5. 8 https://www.youtube.com/watch?v=Crlsji_5DeQ&feature=youtu.be

레드 기획 : 동심이 뿔날 수밖에

전 진 식 한겨레21 기자

초등 5학년생 동시집 『솔로 강아지』 논란 두 달 뒤… 잔혹한 시대를 건너는 어린이의 글은 그 자체로 사회비판 문학

'잔혹 동시' 논란이 벌어진 지 두 달이 지났다. 문제가 된 동시집을 출판사에서 모두 폐기한 탓에, 인터넷 중고책 거래 사이트에는 100만원에 팔겠다는 사람도 나왔다. 시를 쓴 이순영(10) 양은 지금 어떤 심정일까. 부모의 이야기를 자세히 들어보고, 여전히 잘못 인식되고 있는 '동심'을 들여다봤다. -편집자

이인재 제공

아직도 '동심'은 발견되지 못하고 있다.

1975년 아동문학가 이오덕(1925~2003)은 계간 『창작과 비평』 겨울호에 평문을 실었다. '동심의 승리'. 부제는 '이윤복 일기 『저 하늘에도 슬픔이』에 나타난 동심론'이다. 『저 하늘에도 슬픔이』 는 1964년 대구에 사는 11살 소년 이윤복이 쓴 8개월치 일기를 모은 책이다. 당시 한국 사회의 가난과 불평등, 그럼에도 반딧불이처럼 빛나는 이윤복의 마음이 감동적으로 담겼다. 이듬 해인 1965년 같은 제목의 영화(감독 김수용)로도 만들어졌다. 당시 30만 명 가까운 관객을 모아 흑백영화 흥행 1위를 기록하기도 했다. '전국을 눈물바다로 만들었다'는 낡은 표현이 당시에는 생생한 현실이었다. 책 또한 출간 10년 만에 20판을 인쇄할 만큼 스테디셀러였다.

동심의 승리는 핍진과 순진

이오덕이 이윤복의 일기를 '동심의 승리'라고 본 것은 글에 나타난 핍진함에 주목했기 때문이다. 핍진은 진실에 다가서 거짓이 없는 것을 가리킨다. 가령 이런 대목이다.

> 저녁 열 시쯤 되어 〈만미당〉 빵집 앞에서 순나를 만났습니다.
> "순나야, 이자 고만 집에 가자."
> "오빠, 한 시간만 더 팔다 가자."
> "순나야, 니 몇 통 남았노?"
> "요고 두 통만 팔면 된다."
> 하면서 껌통을 나에게 보였습니다. 나는 그 소리를 들었을 때 눈물이
> 날 것 같았습니다."

어머니는 집을 나갔고 아버지는 병 때문에 누워 지내는 윤복의 집. 윤복은 동생 셋을 먹여살려야 하는 소년가장이었다. 동생들과 껌을 나눠 팔아야 생계를 이을 수 있는 윤복의 시선은 독자에게 누선(눈물샘)이 돼버린다. 이오덕은 윤복의 일기를 글 곳곳에서 소개하며 동심을 이렇게 정의했다. "만일 윤복이 같은 처지에 있는 아이가 행복하게 뛰노는 아이들의 흉내나 내고 동화 속 왕자의 꿈만 꾸고 다닌다면 그것은 얼마나 비뚤어진 마음이며 또 그것은 얼마나 더 기막힌 불행이요, 비극일까? 그러기에 동심은 흔히 말하듯이 '천진하게 뛰노는 아이들의 마음'이라 일률적으로 말할 수 없으며, 차라리 그것은 바르고 착하게 세상을 살아가는 인간의 순진성인 것이다."

이오덕이 말하는 동심은 맹자가 말한 적자지심赤子之心에 닿아 있다. 어린아이, 특히 갓난아이의 얼굴은 붉은빛을 띠기 때문에 적자라고 이른 것이며, 그 어린아이의 마음에서 맹자는 인간의 선함을 목격한 것이다. 이오덕 또한 윤복의 거짓 없는 일기에서 동심을 읽었다. 동시에 이오덕은 윤복의 엄청난 가난의 기록 앞에서 사회 비판과 풍자의 결을 읽어냈다. "아동문학이 단지 아동을 소재로 한 어른들의 장난감 문학이 아니고, 어른들이 만들어놓은 사회에서 살아가고 있는 아동들의 운명을 생각하고 인간의 행복을 진지하게 염원하는 데서 창조되는 문학이라면 사회와 인간을 비판적으로 보는 입장에 서는 것이 양심적인 문학으로서 불가피하다. 윤복이 일기에서도 보는 바와 같이 순진한 눈으로 보

고 겪은 것을 정직하게 쓰면 그것이 그대로 불행한 사회에서는
비판적인 글이 되지 않을 수 없다."

최근 한 방송사의 '영재 발굴' 프로그램을 촬영한 이순영(10)양

잔혹하고 야박한 건 어른의 '재단'

이오덕의 글이 발표된 지 40년이 지난 2015년. 그것도 5월5일
어린이날. 한 일간지 1면에 섬뜩한 제목의 기사가 실렸다. 큰제
목(여 초등생이 쓴 잔혹 동시 '충격')뿐 아니라 작은제목(동시집
『솔로 강아지』 폭력성 논란)에서도 시의 성격을 폭력과 잔혹으로
규정했다. 기사는 야박했다. 책에 실린 동시 58편 가운데 「학원
가기 싫은 날」 1편만을 문제 삼았다. 실상 시집에는 폭력적이거

나 잔혹하게 읽힐 수도 있는 시가 몇 편 더 있다. 그러나 대다수 시들은 넉넉하게 읽을 수 있는 작품이다. 2014년 한 어린이신문 문예상 장원을 받은 시 「표범」이 그런 예다.

사람들 앞에서 어슬렁거리는 표범

맹수지만 사람에게 길들여져
자기가 누군지 잊어버린
이제 더 이상 고개를 들 수 없겠네

무엇이 기억나는지
눈 밑으로 눈물이 흘러 생긴 삼각형
얼굴은 역삼각형

눈물과 얼굴이 만나
삼각형이 되어버린 표범

초등학교 5학년인 이순영(10) 양의 시집 『솔로 강아지』는 지난 3월30일 출간됐다. 출간 직후인 4월3일, 앞에 인용한 어린이신문은 이 양의 시집에 대한 기사를 실었다. 기사 제목부터 판이하다. "꼬마 시인' 이순영 양 "뿔난 마음, 동시로 써보세요'". 이 기사는 이 양의 인터뷰와 함께 시집에 실린 시들에 대해 "좋아하는 것, 아름다운 것에 대해서만 쓰지 않고 자신이 싫어하고 화가 났던 경험에 대해서도 시로 쓴다"고 했다. 이어지는 문장에서 문제의 「학원 가기 싫은 날」도 언급하고 있다. 7월9일 기자와 만난 아버지 이인재(43·변호사)씨는 "책이 나온 뒤 가족이 다니는 교회와 순영이 반 아이들한테 책을 나눠줬다. 한 달이 지나도 아무런 말이 없었다"고 말했다.

소설가 조세희의 사진·산문집 『침묵의 뿌리』(1985)에는 초등학생들의 일기가 많이 소개돼 있다. 강원도 정선군의 탄광 마을에서 자라는 아이들의 솔직한 목소리가 담겼다. 이 일기들은 그곳 사북초등학교 교사였던 임길택에 의해 한 권의 책으로 엮이기도 했다. 그 책에는 이런 시가 있다.

삼학 년 때 밥을 안 싸가지고 갔기 때문에 배가 고파서 집으로 왔다.
집에 오니 밥이 없었다. 나는 배가 고파서 아무나 때리고 싶었다.(5학
년 김상은)

모두 초등학교 5학년 아이들이다. 이윤복이 그러하고 이순영이 그러하며, 인용한 시를 쓴 아이가 그러하다. 배가 고파 아무나 때리고 싶다는 마음과, 학원에 가기 싫어 '엄마'를 먹고 싶다는 마음이 다른 것인가. 매한가지 "뿔난 마음"이다. 이순영 양은 앞서 든 어린이신문 인터뷰에서 이렇게 말했다. "물건이나 동물을 나와 같은 사람으로 여기고 상상해보면 금세 동시를 쓸 수 있

을 것"이라고. 잔혹한 세간의 비난이 쏟아진 시 '학원 가기 싫은 날' 또한 이 양 본인의 마음뿐 아니라 또래 친구들의 고통을 자신의 것으로 공감했기 때문에 나온 표현 아닐까. 이 양의 가족은 서울 서초구 반포동에 산다. 이 양의 아버지는 "순영이가 영어·미술 등 학원을 네댓 곳 다녔다. 같은 동네 아이들보다 결코 많은 편이 아니다. 아내가 순영이의 시를 본 뒤 다른 학원은 그만뒀다. 순영이가 좋아하는 복싱과 미술 학원만 보내고 있다"고 했다.

"싫어하고 화난 경험도 시로 썼다"

아버지 이인재(43)씨는 아이들이 자유롭게 꿈꾸며 성장할 수 있도록 돕고 싶다고 했다.

5월 5일 어린이날 한 일간지의 보도에 뒤이어 거의 모든 언론이 이 양의 동시를 기사로 다뤘다. 기사마다 이끼처럼 댓글이 매달렸다. 동시보다 댓글이 더 잔혹했던 것은 두말할 필요가 없다. "사이코패스 아니냐." "정신과 치료 받아라." "엄마가 대필해준 거 아니냐." "노이즈마케팅이냐." 심지어 "사탄의 영이 들어 있다" 운운하는 극언까지 나왔다. 출판사의 시집 회수 처분에 반발해 가처분 신청을 냈던 이 양의 부모가 결국 법정다툼을 포기하게 된 이유다.

시집은 논란이 된 지 불과 일주일 만에 대부분 폐기 처분됐다. 출판사는 책을 폐기하는 장면까지 사진으로 찍어 누리집에 올렸다. 사진을 보게 될 이 양의 마음이 어떠할지는 고려되지 않았다. 문학평론가 김이구는 "어린이의 글에서 표현의 자유라는 게 논의된 적이 별로 없다. 동시집을 절판시키라며 험악하게 한 건 과도했다고 생각한다. 아이와 가족, 독자 등이 판단할 시간을 주는 것이 성숙한 자세였다고 본다"고 말했다.

이 양과 시를 변호하는 목소리도 적지 않았다. 잔혹한 동시를 낳은 잔혹한 현실이 더 문제라는 지적, 잔혹성보다 아이의 뛰어난 자질에 주목하는 작가도 있었다. 글 자체의 문학성뿐 아니라 그것을 출간하는 데 따르는 사회적 책임, 재능에 대한 교육 등 다층적으로 문제에 접근해야 한다는 시각도 있었다.

이 양의 어머니 김바다 씨는 2011년 등단한 시인이다. 그는 "「학원 가기 싫은 날」이라는 시는 정말 충격적이었다. 하지만 이런 시도 같이 읽고 얘기할 수 있는, 부모와 자식 사이에 소통할 수 있는 좋은 시라고 생각했다. 그런 시를 쓰면서 엄마에 대한 억압을 아이가 푸는 것 같다"고 기자에게 말했다.

이오덕의 통찰처럼 불행한 시대를 견디는 어린이들의 정직한 시는 그대로 사회비판 문학이 된다. 이윤복이 그러하고 이순영이 그러하다. "한 국가의 진정한 위상은 '그 사회가 어린이를 어떻게 보살피는가'를 보면 알 수 있다"(유네스코)는 선언에 비춰 볼 때 2015년 한국은 어떠한가.

한국 방정환재단은 2009년부터 해마다 '국제비교로 본 한국 어린이·청소년 행복지수'를 발표하고 있다. 주요 지표인 물질적 행복, 보건과 안전, 교육, 가족과 친구 관계, 행동과 생활양식 항목에서는 대부분 경제협력개발기구(OECD) 평균치(100점 기준)를 웃돈다. 그러나 주관적 행복 항목에서는 6년째 평균에 한참 못 미치는 60~70점 수준에 머물고 있다. OECD 회원국 가운데 꼴찌다. 자살 충동을 느꼈다는 어린이 · 청소년도 22.8%에 이른다. 특히 성적 상위집단(20.7%), 중간집단(21.1%), 하위집단(26.3%)으로 구분하더라도 자살 충동률은 크게 다르지 않았다. 그만큼 심각하다는 방증이다.

사정이 이런데도 정부 당국은 인성교육진흥법이라는 것을 제정해 7월21일 시행에 들어간다. 예 · 효 · 정직 · 책임 · 존중 · 배려 · 소통 · 협동 따위의 마음가짐을 제도권 교육에서 '성취해야 할 항목'으로 다루겠다는 취지다. 이들 나열된 가치 가운데 한국 사회에서 온전하게 '성취'된 것이 있는지 의문이다. 여전히 '동심'은 발견되지 못하고 있다.

동시집 『솔로 강아지』와 가족들이 함께 낸 동화집.

대우주의 뇌신경은 오직 어린이에게만

이 양의 부모는 지난 5월 불거진 동시 논란과 관련한 학술서를 준비하고 있다. "『솔로 강아지』의 '부활'을 위해서예요." 신문·방송에 보도된 기사와 칼럼뿐 아니라 아동문학 연구자들의 글도 함께 실을 참이다. 책은 한두 달 안에 출간될 예정이다. 이양은 「학원 가기 싫은 날」 대신 다른 시를 '새로운 동시집'에 넣기로 했다. 어느 날 머리를 감다가 떠올라 적은 시란다. 제목은 「울음」이다.

"눈이 젖었다/ 내 모든 것이 젖었다."

이 양의 어머니는 말했다. "아이들 둘 다 아빠처럼 공부해서 법조인이 되었으면 하는 정도의 생각을 가지고 있었습니다. 『솔로 강아지』 논란 이후 저도 생각이 바뀌었어요. 아이들이 하고 싶은 것을 자유롭게 선택하게 하고 미래보다는 현재를 들여다보며 감사하게 살기로 마음먹었네요. 어려운 날들을 헤쳐나오다 보니 산다는 것이 무언지, 가족이 무언지 깨달음도 얻게 되었고요. 감사합니다."

1923년 5월1일 오후 3시 소파 방정환은 서울 천도교 회당에서 우리나라 첫 어린이날을 선언하는 글을 발표한 뒤 거리행진에 나섰다. 선언문 12만 장을 시민 1천여 명과 함께 사람들에게 나눠주었다. 거기엔 이런 문구가 적혀 있었다. "어린이를 책망하실 때는 쉽게 성만 내지 마시고 자세자세 타일러주시오. (…) 대우주의 뇌신경의 말초는 늙은이에게 있지 아니하고 젊은이에게도 있지 아니하고 오직 어린이들에게만 있는 것을 늘 생각하여주시오."

http://h21.hani.co.kr/arti/society/society_general/39916.html

부록
잔혹 동시 사건 개요 및 기타 자료

1. 전촉 동시 논란	
■ 사람들의 부정적인 반응: 우리 아이에게는 읽히고 싶지 않다. 패륜이다. 아이의 정서가 걱정된다. 앞으로는 긍정적인 시를 써달라. 아이의 아이덴티티가 되지 않길 바란다. 심히 잘못이다. 시점을 불태워달라.	■ 사람들의 부정적인 반응 〈신문〉 시선뉴스 5.12 한성현 pd http://www.sisunnews.co.kr/news/articleView.html?idxno=20681 동아닷컴 도깨비뉴스팀 2015.5.7 수정 http://news.donga.com/3/all/20150506/71091239/3 동아닷컴 경제 2015.5.7 http://news.donga.com/3/all/20150507/71117297/3 동아닷컴 온라인뉴스팀 5.6 http://sports.donga.com/3/all/20150506/71092817/1 동아닷컴 영상뉴스팀 5.7 http://news.donga.com/3/all/20150507/71120842/1 이데일리 5.11 http://www.edaily.co.kr/news/NewsRead.edy?newsid=01144726600367936&SCD=JG31&DCD=A00703 헤럴드경제뉴스 5.12 김지윤기자 http://biz.heraldcorp.com/view.php?ud=20150512001084 〈동영상〉 10세 소녀 잔혹 동시 논란, 국민들의 생각은? http://tvcast.naver.com/v/388458
■ 출판사 해명: 작가와 작가부모님의 뜻을 반영하여 출판을 결정했다. 창작의 자유를 존중하였다. 어른이 아닌 아이가 썼기 때문에 출판하였다.	■ 출판사 해명 〈신문〉 스포츠 동아 5.7 http://sports.donga.com/3/all/20150507/71117447/2 매경 스타투데이 5.7 http://news.mk.co.kr/newsRead.php?year=2015&no=433766 매경 스타투데이 5.7 http://news.mk.co.kr/newsRead.php?year=2015&no=434574
■ 저자 부모 해명: 우리아이는 패륜아가 아니다. 밝고 명랑한 아이이다. 이 시는 사회현실을 비판한 우화다.	■ 저자어머니 해명 〈신문〉 조선일보 2015.5.7 http://news.chosun.com/site/data/html_dir/2015/05/07/20150507702930.html 동아닷컴 디지털뉴스팀 2015.5.7 http://news.donga.com/3/all/20150507/71113879/1 5.10 동아닷컴 디지털뉴스팀http://news.donga.com/3/all/20150509/71151353/1 동아닷컴 디지털뉴스팀 5.10 http://news.donga.com/3/all/20150509/71151421/1

■ 논란의 심화:

표현자유의 허용수위를 넘어섰다. 어린이들에게 부정적인 영향을 줄 수 있다. VS 시는 시일뿐이다. 창작의 자유를 존중해 줘야 한다.

■ 논란의 심화

〈신문〉
조선일보 2015.5.7 http://news.chosun.com/site/data/html_dir/2015/05/07/2015050702541.html

동아닷컴 온라인뉴스팀 5.6 http://sports.donga.com/3/all/20150506/71092019/1

재윤경·김민관 기자 중앙일보 5.11 http://article.joins.com/news/article/article.asp?total_id=17770808&ctg=

배재성 기자 5.13 중앙일보 http://article.joins.com/news/article/article.asp?total_id=17794955&ctg=

매일경제 스타투데이 5.6 http://news.mk.co.kr/newsRead.php?year=2015&no=430667

매경 스타투데이 5.6 http://news.mk.co.kr/newsRead.php?year=2015&no=430961

매경 스타투데이 5.6 http://news.mk.co.kr/newsRead.php?year=2015&no=431315

더 패트 5.6 http://news.mk.co.kr/newsRead.php?year=2015&no=432959

Mk 패션 5.7 http://news.mk.co.kr/newsRead.php?year=2015&no=434896

더 패트 5.9 http://news.mk.co.kr/newsRead.php?year=2015&no=442401

국민일보 5.12 김상기, 박상은 기자 http://news.kmib.co.kr/article/view.asp?arcid=0009433032&code=61121111

〈블로그〉
부름 가스피 http://blog.aladin.co.kr/m/caspi/7525399?Partner=maladdin

까짜뽐뿌 http://m.ppomppu.co.kr/new/bbs_view.php?id=humor&no=247407

가생이닷컴 비모 http://www.gasengi.com/main/board.php?bo_table=history&wr_id=197067 (해외 네티즌들의 의견)

〈동여상〉
부정적 의견 YTN 댓글 톡톡 뉴스 http://www2.pullbbang.com/video.pull?vcode=115611707

긍정적 의견 전후 동시 슬로 강아지 해설 고영준
1편 https://www.youtube.com/watch?v=eUH1QLDO460
2편 https://www.youtube.com/watch?v=GHpQZpv9PPw

2. 시집 선량폐기 결정	
■ 출판사 폐기결정	■ 출판사 폐기결정
이유: 사회적 물의를 일으켜서 최송	〈신문〉 조선일보 2015.5.7 http://news.chosun.com/site/data/html_dir/2015/05/07/201505070266d.html 동아닷컴 2015.5.7수정 디지털뉴스팀 http://news.donga.com/3/all/20150505/71078125/1 동아닷컴 디지털뉴스팀 2015.5.7 수정 http://news.donga.com/3/all/20150506/71088906/1 동아경제 5.7 http://news.donga.com/3/all/20150507/71118837/2 스포츠 동아 5.6 http://sports.donga.com/3/all/20150506/71093506/1 스포츠 동아 5.7 http://sports.donga.com/3/all/20150507/71108231/1 중앙일보 5.6 http://article.joins.com/news/article/article.asp?total_id=17736645&ctg= 더 팩트 5.6 http://news.mk.co.kr/newsRead.php?year=2015&no=431459 〈블로그〉 가문비 어린이 출판사 네이버블로그 http://m.blog.naver.com/gamoonbee21/220353448417
■ 작가부모, 폐기금지가처분신청	■ 작가부모, 폐기금지가처분신청
이유: 이 시 한편 때문에 전량 폐기하는 것은 부당하다.	〈신문〉 조선일보 2015.5.7 오환희기자 http://news.chosun.com/site/data/html_dir/2015/05/08/201505080014.html 동아경제 2015.5.7 http://news.donga.com/3/all/20150507/71115427/3 더 팩트 5.7 http://news.mk.co.kr/newsRead.php?year=2015&no=435478 〈동영상〉 연합뉴스 TV 뉴스브런치 – 부모 폐기처분 반대입장 http://www.news-y.co.kr/MYH20150507004700038/
■ 폐기금지가처분신청취하	■ 폐기금지가처분신청취하
이유: 사탄의 쉐이라는 평가를 듣고서 더 이상 논란이 확산되는 것을 원치 않는다.	〈신문〉 조선일보 2015.5.10 http://news.chosun.com/site/data/html_dir/2015/05/10/201505100483.html 스포츠조선 2015.05.10정현석기자 http://books.chosun.com/site/data/html_dir/2015/05/10/2015051000438.html 동아닷컴 디지털뉴스팀 5.10 http://news.donga.com/3/all/20150510/71157643/1

■ 폐기

여기까지가 사건의 개요.

■ 폐기

연합뉴스 5.6 http://news.mk.co.kr/newsRead.php?year=2015&no=432594

연합뉴스 5.10 http://news.mk.co.kr/newsRead.php?year=2015&no=444219

〈신문〉
김민관 기자 5.12 중앙일보 http://article.joins.com/news/article/article.asp?total_id=17785414&ctg=

사건의 개요.

〈신문〉
매일경제 5.6 http://news.mk.co.kr/newsRead.php?year=2015&no=428944

Mbn 5.6 http://news.mk.co.kr/newsRead.php?year=2015&no=430300

mk패션 5.6 http://news.mk.co.kr/newsRead.php?year=2015&no=431359

연합뉴스 5.6 http://news.mk.co.kr/newsRead.php?year=2015&no=431490

매일경제 5.6 http://news.mk.co.kr/newsRead.php?year=2015&no=431673

더 패트 5.6 http://news.mk.co.kr/newsRead.php?year=2015&no=432062

더 패트 5.6 http://news.mk.co.kr/newsRead.php?year=2015&no=433135

Mbn 5.7 http://news.mk.co.kr/newsRead.php?year=2015&no=433996

Mbn 5.7 http://news.mk.co.kr/newsRead.php?year=2015&no=434709

Mbn 5.7 http://news.mk.co.kr/newsRead.php?year=2015&no=434386

매경 스타투데이 5.7 http://news.mk.co.kr/newsRead.php?year=2015&no=435356

Mbn 5.7 http://news.mk.co.kr/newsRead.php?year=2015&no=435571

〈동영상〉
이주타비 뉴스 이슈포이슈 http://channel.pandora.tv/channel/video.ptv?ch_userid=md042141&prgid=52258660

MBN 뉴스빅5 뉴스 http://tvcast.naver.com/v/383543

채널A 뉴스top10 http://m.starseoultv.com/news/articleView.html?idxno=318752

3. 논의되고 있는 논점들, 이견들	
■ 표현의 자유 허용치 -아동표현의 자유를 어디까지 허용할 것인가. (출판과 관련하여) -자유가 폭넓음 수반할 때 어디까지 노출을 허용해야 하는가. -누군가는 표현의 제약이 없고 누구에겐 엄한 잣대가 드리워진다.	■ 표현의 자유 허용치 〈신문〉 조선일보 2015.5.16. 곽아람기자 http://news.chosun.com/site/data/html_dir/2015/05/15/2015051502387.html 중앙일보 금-제몸경 사회부 문 기자 5.14 http://article.joins.com/news/article/article.asp?total_id=17797164&ctg 문소영 코리아 중앙데일리 문화부장 5.16 중앙일보 http://article.joins.com/news/article/article.asp?total_id=17815799&ctg= 뉴데일리 조광형기자 5.11수정 http://www.newdaily.co.kr/news/article.html?no=247056 〈블로그〉 바른시지공간 티스토리 http://sjtn.tistory.com/m/post/29 소음 이라웅 http://fabella.kr/xe/blog5/1491 [출처] 진중 동시, 표현의 자유와 욕텐 사이 (문화트렌드 73)작성자 문소영 aka 습음 http://blog.naver.com/goldsunriver/220363321250 〈동영상〉 문화명론가 권혁증 MBC 동시의 정의를 다시 생각해보자. 독자들에게 맡긴다. https://www.youtube.com/watch?v=nkXV5uoKuFk
■ 우리나라 인문학소양의 수준이 너무 낮다. -시적 화자와 시인의 동일화가 심하다. -내용을 직접적으로 받아들인다.	■ 우리나라 인문학소양의 수준이 너무 낮다. 〈신문〉 5.14 한겨+ 이호영기자 http://plus.hankyung.com/apps/newsinside.view?aid=2015051211363A&category=AA01205 민중의 소리 5.28 정은교 http://www.vop.co.kr/A0000088723.html 한겨레 5.20 김종섭 http://www.hani.co.kr/arti/opinion/column/692074.html?_fr=sr1 〈블로그〉 인벤 잠이인오면 http://m.inven.co.kr/board/powerbbs.php?come_idx=381647
■ 진중권씨의 의견 -아린이는 원래 천진난만하지 않다. -아이의 시세계가 매우 독특하다. -아이들의 미려움/ 지(사)험/ 잔악함의 절반은 타고난 동물성에 서 비롯되고 나머지 반은 부모에게 배운 것.	■ 진중권씨의 의견 〈신문〉 조선일보 2015.5.7 http://news.chosun.com/site/data/html_dir/2015/05/07/2015050702052.html 동아닷컴 박혜리기자 2015.5.7 수정 http://news.donga.com/3/all/20150506/71094113/2 동아닷컴 디지털뉴스팀 2015.5.7 http://news.donga.com/3/all/20150506/71098280/1 스포츠동아 5.7 http://sports.donga.com/3/all/20150507/71115535/2 스포츠동아 5.8 http://sports.donga.com/3/all/20150508/71128027/2 오라인 중앙일가스포츠 5.7 중아일보 http://article.joins.com/news/article/article.asp?total_id=17716098&ctg=

■ 동시는 교육적이어야 한다.
-아이에게 시가 무엇인지 제대로 가르쳐줘야 한다.
-긍정적인 시를 쓸 수 있도록 유도해줘야 한다.

■ 동시는 교육적이어야 한다.

〈신문〉
쿠키뉴스 5.15 김ېن성기자 http://news.kukinews.com/article/view.asp?arcid=0009445731&code=41121111&cp=nv
국민일보 김남중 기자 5.7 http://news.kmib.co.kr/article/view.asp?arcid=0009418846&code=61171111&cp=nv

조선일보 2015.5.11 변하수 문화평론가 경북대 독어교육학과 교수
http://news.chosun.com/site/data/html_dir/2015/05/11/2015051102236.html

경향신문 황현산 5.27 http://news.khan.co.kr/kh_news/khan_art_view.html?artid=201505272132255&code=990100

〈블로그〉
티스토리 코라스 http://koras.tistory.com/m/post/1080

〈동영상〉
채널A 골드닞터뷰 어린이날특집 – 어린이의 마음을 알아보기 위하여. 어린이 보호 임장 http://tv.ichannela.com/culture/golden-time/clipvod/3/04010000001/20150505/71072639/1

tv조선 뉴스크3360 너무 똑 착죽하다. 왜 펴내줬느식 모르졌다. 읽는 아이 중 취야한 아이는 이떻게 보호할 것인가. http://news.tvchosun.
com/site/data/html_dir/2015/05/05/2015050590167.html

■ 창의성에 대한 정의

〈신문〉
5.28 이승제기자 동아일보
http://news.donga.com/3/all/20150528/71505698/1

양성희 논설위원 중앙일보 5.9
http://article.joins.com/news/article/article.asp?total_id=17763089&ctg=

〈블로그〉
티스토리 교핌규
http://gyublog.tistory.com/m/post/61

■ 창의성에 대한 정의
-현실에서 창의적인 생각은 규격화되어 있다.
-나쁜 상상이란 없다.

온라인 중앙일보 '전뚜 동시' 5.7 http://article.joins.com/news/article/article.asp?total_id=17747394&ctg=
온라인 중앙일보 '전뚜 동시'5.13 http://article.joins.com/news/article/article.asp?total_id=17796325&ctg=

Mbn 5.7 http://news.mk.co.kr/newsRead.php?year=2015&no=434260

디 패트 5.7 http://news.mk.co.kr/newsRead.php?year=2015&no=434659

매경 스타투데이 5.7 http://news.mk.co.kr/newsRead.php?year=2015&no=435564

■ 대한민국의 사회개혁

-하임스트레스가 심한 대한민국의 사태를 고민해야 한다.
-가족기능 외주화 속 교육열 과열, 부모 역대감 힘으 만연
-어른들의 사회구조가 더 진축함.
-부모자식간의 소통의 부재, 엄마의 품이란?

■ 대한민국의 사회개혁

〈신문〉
조선일보 2015.5.16. 꽉어람기자
http://news.chosun.com/site/data/html_dir/2015/05/15/2015051502387.html

양선희 논설위원 5.16 중앙일보
http://article.joins.com/news/article/article.asp?total_id=17814566&ctg=

글=김여울 성균관대 신문방송학과 3학년5.30 중앙일보
http://joongang.joins.com/article/970/17915970.html?ctg=

김성탁 교육팀장 5.14 중앙일보
http://article.joins.com/news/article/article.asp?total_id=17797272&ctg=

국제신문 디지털뉴스부5,21
http://www.kookje.co.kr/news2011/asp/newsbody.asp?code=0500&key=20150522.22019184837

강수돌 프레시안 5.12
http://www.pressian.com/news/article.html?no=126321

국민일보 5.13 김남중 기자
http://news.mk.co.kr/newsRead.php?year=2015&no=44219

오마이뉴스 5.10 임기현
http://www.ohmynews.com/NWS_Web/View/at_pg.aspx?CNTN_CD=A0002106683

영남도민일보 이병욱 계양시나리오 작가5.11
http://www.idomin.com/?mod=news&act=articleView&idxno=479920

〈블로그〉
[출처] [전우동시 논단] 정신과 상담 필요? 부모가 문제?[작성자 Sesam 네이버
http://blog.naver.com/sesam1102/22035286718

다음 아고라 carpediem
http://m.bbs1.agora.media.daum.net/gaia/do/mobile/debate/read?bbsId=D003&articleId=5750111

네이버 블로그 artist choi
http://m.blog.naver.com/prpr999/22036720985

네이버 대한국인터뷰
http://m.blog.naver.com/jhkimism/220357146369

화니세상 yes블로그
http://m.blog.yes24.com/dlwnghks03/post/8012780

티스토리
http://daishiromance.tistory.com/m/post/532

■ 정치) 아동놀이권 헌장 만든다.

아이에 대한 어른들의 편견

-순진한 동심, 아이다움
-아이들을 동등한 존체로 생각하지 않는 어른들
-아이라이는 솔직하게 계산 없이 자신의 마음을 고백한 것이
다.

하엄스트레스로 인한 어린이들의 정신건강 관심

아플러 대처방안

■ 정치) 아동놀이권 헌장 만든다.

〈신문〉
5.13 jtbc
http://article.joins.com/news/article/article.asp?total_id=17796440&ctg=

〈동영상〉
jtbc 앵커브리핑 아동 놀이권 헌장 13일 제정하기로
http://news.jtbc.joins.com/article/article.aspx?news_id=NB10886115

아이에 대한 어른들의 편견
〈신문〉
이영희 문화스포츠부문 기자 중앙일보 5. 13
http://article.joins.com/news/article/article.asp?total_id=17787769&ctg=

한겨레 5.11 이계삼 칼럼니스트
http://www.hani.co.kr/arti/opinion/column/690661.html

경향신문 5.8 이태광
http://www.hani.co.kr/arti/opinion/column/690661.html

내외뉴스통신 5.11 김종두 기자
http://www.nbnnews.co.kr/news/view.php?idx=42893

컬처투데이 5.12 김현식 대중문화평론가
http://www.mediatoday.co.kr/news/articleView.html?idxno=123069

미디어펜5.13 이원우기자
http://www.mediapen.com/news/articleView.html?idxno=76249

〈블로그〉
[풀치] [전축 동시 논란] 정신과 상담 필요? 부모가 문제?[자성자 Sesam 네이버
http://blog.naver.com/sesam1102/220352856718

다음 아고라 carpediem
http://m.bbs1.agora.media.daum.net/gaia/do/mobile/debate/read?bbsId=D003&articleId=5750111

네이버 블로그 artist choi
http://m.blog.naver.com/prpr999/22036705985

네이버 대한국인트닥커
http://m.blog.naver.com/jhkimism/22035714369

하엄스트레스로 인한 어린이들의 정신건강 관심
〈신문〉

Wow 한국경제tv 장소윤기자5.7
http://www.wowtv.co.kr/newscenter/news/view.asp?bcode=T300080008&wowcode=W019&artid=A20150507044&compcode=WO

아플리 대처방안

〈블로그〉
[출처] 건축 동시, 마녀사냥 중단해야 하는 이유|작성자 좋은친구
http://blog.naver.com/oppair/220354066167

[출처] 초등생의 건축 동시 논란 우리는 지금 제대로 된 논의를 하고 있는 것일까요?!|작성자 나무위엠매
http://blog.naver.com/seulki66/220353174443

티스토리 생각비행
http://ideas0419.com/m/post/553

동영상자료 추가

달세방 씨디방송 라디오
https://www.youtube.com/channel/UCXadSY0I0Yv39dZD-pT0bIQ

디스패트 예술작품이다 vs 폭력적이다.
https://www.youtube.com/watch?v=iVqXILgTsP0

시사통 김종배
https://www.youtube.com/watch?v=A1880YwP5gw

이순영 양은 서울 서원초등학교 5학년(만 10세)이며, 동시집 『동그라미 손잡이 도넛』, 동화집 『투명인간 노미』, 그리고 동시집 『솔로 강아지』를 출간한 바가 있었다. 하지만, 그러나 『솔로 강아지』에 실린 「솔로 강아지」, 「세상에서 가장 무서운 것」, 「표범」, 「도깨비」 등의 그 뛰어난 시적 성취에도 불구하고, 「학원 가기 싫은 날」의 '엄마 살해의 잔혹성' 때문에, 세계 최초로, 최연소의 나이로 필화사건의 주인공이 될 수밖에 없었고, 이순영 양의 동시집 『솔로 강아지』는 출간한 지 한 달만에 전량 폐기되는 전대미문의 사건의 희생양이 될 수밖에 없었다. 우리는 이순영 양의 「학원 가기 싫은 날」의 도덕적인 윤리 이전에, 그 시가 쓰여질 수밖에 없는 사회적 환경과 하루에 열 시간씩, 열두 시간씩 학교공부와 학원공부로 몰아넣고 있는 우리 어른들의 잔혹성과 반윤리성을 반성하는 것은 물론, 우리의 어린아이들을 하루바삐 학원지원과 입시지옥에서 해방시키지 않으면 안 되겠다는 의도 아래서 '잔혹 동시' 자료모음집: 『코리아타운 ―비정한 엄마 발칙한 딸』을 출간하게 되었다.

'두드려라, 그러면 문이 열릴 것이다.' '오직 정진하고 또 정진하라, 그러면 노벨상 수상의 길도 열릴 것이다.' 우리는 이순영 양의 문학적 재능에는 경의를 표하게 되었고, 너무나도 사악하고 뻔뻔스러운 학부모들의 집단적인 광기로부터 이순영 양과 우리의 어린아이들을 구원해내야겠다는 사명감과 그 의무감 때문에 모든 자료들을 검토하고 정리하면서 이 책을 엮어내게 되었다.

비정한 엄마 발칙한 딸

코리아타운

발   행 2015년 9월 7일
지 은 이 반경환 외
펴 낸 이 반송림
편집디자인 김지호
펴 낸 곳 도서출판 지혜
          계간시전문지 애지
기획위원 반경환 이형권 황정산
주   소 346242 대전광역시 동구 선화로 203-1 2층 도서출판 지혜 (삼성동)
전   화 042-625-1140
팩   스 042-627-1140

전자우편 ejisarang@hanmail.net
애지카페 cafe.daum.net/ejiliterature

ISBN : 979-11-5728-038-4 93330
값 15,000원